Gabriele Klink

Mit langem Atem zum großen Glück

Das Wunder des Lebens.
Adoption, ein Hindernislauf

Adoptionstagebuch

novum pro

Bibliografische Information der Deutschen Nationalbibliothek:

Die Deutsche Nationalbibliothek verzeichnet diese Publikation in der Deutschen Nationalbibliografie. Detaillierte bibliografische Daten sind im Internet über http://www.d-nb.de abrufbar.

Alle Rechte der Verbreitung, auch durch Film, Funk und Fernsehen, fotomechanische Wiedergabe, Tonträger, elektronische Datenträger und auszugsweisen Nachdruck, sind vorbehalten.

© 2021 novum Verlag

ISBN 978-3-99107-924-8
Lektorat: Birgit Himmüller
Umschlagfotos: Sasin Tipchai, Milic Djurovic | Dreamstime.com
Umschlaggestaltung, Layout & Satz: novum Verlag

Gedruckt in der Europäischen Union auf umweltfreundlichem, chlor- und säurefrei gebleichtem Papier.

www.novumverlag.com

*„Du bist nicht unter meinem Herzen gewachsen,
sondern in meinem Herzen.“*

Heute seid ihr erwachsen und könnt mit diesen Tagebuchaufzeichnungen eure Adoptionsgeschichte hautnah mit allen Sinnen nachvollziehen, ganzheitlich verstehen und erfassen und eure Wurzeln mit zwei Müttern und zwei Heimatländern begreifen und verarbeiten.

*Für den besten Ehemann der Welt
und unsere wunderbaren Töchter*

*Für die beste Schwester der Welt,
Renate Dybietz*

Zwei Mütter, die sich nie begegnet sind,
bleiben für immer verbunden.
Die eine hat dich unter Schmerzen geboren.
Die andere hatte das Glück,
dich als Geschenk zu erhalten.

Du hast zwei Mütter, zwei Heimatländer, innere
und äußere Wurzeln, die dich prägen und beglei-
ten durch dein ganzes Leben.
Die Mutter, die dich unter ihrem Herzen trug,
war dein guter Stern.
Die Mutter, die dich durchs Leben begleitet,
ist deine Sonne.

Es ist unendlich schön, als Eltern erleben zu dürfen,
wie Kinder wachsen und sich entwickeln,
wie sie sich Schritt für Schritt ihre Welt erobern,
wie sie flügge werden und in die Welt hinausziehen,
um ihre eigenen Wege zu erkunden
und einzuschlagen.

Es ist unendlich schön, Kinder zu haben.
Es ist unendlich schön, Eltern zu sein.
Es ist unendlich schön,
dafür Verantwortung zu übernehmen.
Es ist unendlich schön, Liebe zu schenken
und Liebe zu erhalten.
Es ist unendlich schön, auf der Welt zu sein.

Dieses Glück hautnah zu spüren und zu erleben:
Dafür danken wir den Indiomüttern
in Peru und Guatemala.

STUTTGART

Nach genau 936 Samstagen oder an einem Samstag vor genau achtzehn Jahre stehen wir wieder auf dem Flughafen Stuttgart. Wir erwarten unsere Tochter von ihrer ersten Reise in den fernen Urlaub zurück. Die Lichter auf der großen schwarzen Anzeigetafel blinken nervös, hellgrün leuchtend auf. Die Maschine ist gelandet.

Dieses Mal nicht aus dem fernen Peru vom Ende der Welt, aus Lateinamerika, sondern aus dem nahen Ibiza. Dieses Mal ist es nicht spät abends, sondern Mittagszeit und dieses Mal stehen wir als Eltern hinter den Sicherheitstüren des Zolls.

Und noch etwas ist grundlegend anders: Heute erwarten wir unsere achtzehnjährige, volljährige Tochter, groß, schlank, sichtlich gut erholt und noch brauner als sonst, strahlend an der Seite ihres langjährigen, groß gewachsenen, sportlichen, blonden Freundes.

Uns beiden Wartenden gehen wohl dieselben Gedanken durch den Kopf und berühren unsere Herzen. Wir sehen so, als wäre es erst neulich passiert, ein kleines, schwarzhaariges Etwas bäuchlings in einer blauen Babytragetasche verpackt, wenige Wochen alt und völlig durcheinander von den sich überschlagenden Ereignissen.

Aus dem dunklen, kleinen Bündel Mensch ist heute eine hübsche, junge, strahlende Frau geworden: damals wie heute unsere Tochter, unsere Adoptivtochter aus Lima, dem Lande der Inkas.

Achtzehn Jahre voller Samstage. Auch an diesem Samstag nach genau achtzehn Jahren. Purer Zufall, Glück, Schicksal.

Solange wir warten, wandern unsere Gedanken und Gefühle blitzschnell, fast wie in einem Filmriss rückwärts. Viel zu schnell sind die Jahre enteilt und vergangen. Achtzehn Jahre, obwohl laut Kalender noch zwei Tage fehlen bis zum damaligen Datum. Damals.

Wir versuchen, aus der quirligen Schar der Urlauber unsere lachende, braun gebrannte Tochter zu entdecken. Wir winken schon einmal mit der lachsroten, langstieligen Rose.

Damals stand ich aufgeregt, übermüdet, durcheinander und aufgelöst jenseits der Tür in der Masse der zum Ausgang strömenden Fluggäste eingekeilt.

Damals stand ein gerade zum Vater gekürter „Vater", einen großen bunten Sommerstrauß schwenkend und mit klopfendem Herzen harrend auf der Empfangsseite. Er schaute angestrengt in die dem Ausgang zustrebenden Menschen, hoffend, dass jemand aus der sich langsam vorwärtsdrängenden Masse zurückwinkt, nämlich seine Frau mit der kleinen Tochter aus Peru.

Heute harren wir zu zweit, unsere Herzen klopfen zwar nicht mehr so angespannt und aufgeregt, aber eine gewisse Nervosität und Angespanntheit ist dennoch spürbar.

Und dann entdecken wir sie fast gleichzeitig. Da kommt sie, leichtfüßig. Endlich erwachsen, selbstständig, eigenverantwortlich. Kein Kind mehr und dennoch unser Kind. Unsere Tochter.

JANUAR 1980

HOFFNUNG

Wir hatten uns schon immer Kinder gewünscht. Eigene und Adoptivkinder. Doch eines Tages mussten wir erfahren: Wir werden keine eigenen Kinder haben können! Zuerst brach alle Hoffnung wie ein Kartenhaus zusammen. Viele schwierige Monate brauchten wir, ehe wir bereit waren, diese unumstößliche Tatsache zu akzeptieren. Also beschlossen wir, mit dem zweiten Teil unseres Wunsches zu beginnen.

Wir glaubten, ein Kind zu adoptieren dürfte nicht so schwierig sein, doch abermals hatten wir uns grundlegend getäuscht. Untersuchungen, Behördengänge, sich ausfragen lassen. Auch persönliche, ganz intime Fragen mussten wir auf dem Jugendamt gemeinsam und getrennt klar beantworten. Fragen, die erst das Leben stellen wird, wenn überhaupt. Aber die Vorschriften verlangen, das zukünftige Elternpaar bis in den kleinsten Winkel ihres Herzens zu durchleuchten, abzuklopfen, jede Gefühlsregung zu dokumentieren – gleichgültig, wie unsinnig uns die Fragen auch erschienen.

Monat um Monat verstrich. Ohne Ergebnis. Nach neuen Wegen suchen. Adoption in der Dritten Welt? Warum eigentlich nicht. Wieder wurden die Fühler ausgestreckt. Mit großen Hoffnungen schrieben wir unzählige Briefe und ließen die Drähte unseres Telefons heiß laufen.

Die Ergebnisse waren niederschmetternd. Unser innigster Wunsch rückte immer weiter weg, versank im Ungewissen, im Dschungel und Nebel der Adoptionsvorschriften. Den einen waren wir mit 35 und 39 Jahren zu alt, dann hatten wir die falsche Konfession oder passten nicht in das gewünschte Weltbild oder Raster hinein.

Beim zuständigen Jugendamt, der Adoptionsvermittlungsstelle, deponierten wir alle Unterlagen, Fragebögen, Stellungnahmen, Interview, unsere Lebensläufe, Gesundheitszeugnisse, polizeiliches Führungszeugnis, Familienstammbuch, Leumund, Verdienstnachweise usw.

Besonders der umfangreiche Fragenkatalog beim Jugendamt war beachtenswert. Da wurden wir nach unserem Freizeitverhalten oder unseren persönlichen Erziehungsvorstellungen ausführlich befragt. Unsere eigene Kindheit wurde ausgeleuchtet. Man war neugierig von uns zu erfahren, wie wir die Fragen zu Sauberkeitserziehung unseres zu adoptierenden Kindes in den Griff bekommen möchten. Auch die späteren schulischen Laufbahnvorstellungen wurden bis ins Detail vorsorglich abgeklopft und waren dem Jugendamt enorm wichtig. Pubertätsprobleme, so genannte „Falsche Freunde" oder Verhaltensstörungen standen ebenso zur Debatte wie die Nähe eines zukünftigen Kindergartens oder unser persönliches Umfeld, unser finanzieller Status, heute, morgen und in zehn Jahren.

Wir wurden erforscht, vermessen, bewertet, in Schubladen eingeordnet. Das alles, um einen messbaren, nachweislichen, unumstößlichen Nachweis und Beweis zu erstellen und zu dokumentieren, dass wir in der Lage sind, ein Kind groß zu ziehen.

Viele Einbestellungen im Jugendamt, Befragungen einzeln oder gemeinsam, Besuche bei uns zu Hause, alles ließen wir letztendlich über uns ergehen, obwohl uns immer wieder das ungute und auch beängstigende, verunsichernde Gefühl beschlich, wie unser Land wohl aussehen würde, wenn sich alle werdenden Eltern diesen Testanforderungen zu stellen hätten.

Klar möchte man Adoptiveltern ganz besonders genau und gründlich unter die Lupe nehmen, von allen Seiten ausleuchten, von allen erdenkbaren Seiten und Ecken begutachten, erforschen, Ansichten, Wünsche, Gedanken in die Zukunft hinterfragen und alles bis ins kleinste Detail durchleuchten. Die Stabilität der Partnerschaft, die Adoptionsbelastung als Paar, Problembewältigung in der Zukunft, irgendwann einmal, vielleicht oder auch nicht. Wie wirkten wir auf die Dame des Jugendamtes, die etwa zehn Jahre älter war als wir und selbst keine Familie hatte? Sie erschien offen und distanziert, neugierig und forschend, menschlich und amtlich, Mut machend, um gleich alles wieder infrage zu stellen, Hoffnungen wurden geweckt, um gleichzeitig die Aussichtslosigkeit festzustellen. Ein Wechselbad der Gefühle von Himmel hoch jauchzend bis zu Tode betrübt.

Einblick in unsere Unterlagen, Protokolle, Klassifizierungen, Meinungsfindung – alles blieb als Verschlusssache wie in einer Geheimakte verborgen.

Welche Chancen und Möglichkeiten waren noch offen? Fragen unsererseits und Antworten oder Auskünfte seitens des Jugendamtes – ihre Auswirkungen, unsere Chancen? Hatten wir überhaupt eine Chance oder war das Ergebnis bereits festgezurrt? Hatten wir die Dame des Jugendamtes berührt, war es uns gelungen, sie positiv auf uns und unsere große Hoffnung einzustimmen? Stand sie uns eher positiv, zögernd oder gar negativ gegenüber? Es war wie ein Schweben im luftleeren Raum, ohne nur im Geringsten zu ahnen, wohin die Reise uns treiben würde.

Über die Auswahlkriterien, Möglichkeiten, Hoffnungen oder Hoffnungslosigkeit unseres Unterfangens wurde undurchdringliches Stillschweigen bewahrt. Ein Wechselbad an Wünschen, Hoffnungen und Gefühlen. Alles blieb ein großes, gut gehütetes Geheimnis. Über unsere Möglichkeiten, welchen Rang wir im Karussell der zukünftigen Adoptiveltern einnehmen würden – nichts war herauszukitzeln.

Schweigen, schweigen, schweigen. Wir fühlten uns hilflos und verloren, aussichtslos und trotzdem würden wir nie aufgeben. Wo eine Tür zuschlägt, öffnet sich irgendwo eine andere, uns noch unbekannte Tür und wenn es nur einen Spalt breit wäre. Wir würden einfach blitzschnell unseren Schuh dazwischenschieben und die noch so kleinste Chance am Schopfe packen. Wir versuchten nun parallel die Adoptionsgenehmigung für ein Kind irgendwo auf der großen weiten Welt zu erhalten und suchten nach einer Adoptionschance.

Die Ergebnisse waren niederschmetternd.

Das Jugendamt ließ uns nach vielen Wochen und Monaten wissen, dass wir für ein deutsches Adoptivkind mit fünfunddreißig und neununddreißig Jahren zu alt seien. Ungeschminkt signalisiert man uns: „Wissen Sie, wir suchen Eltern für Kinder, aber keine Großeltern."

Aber da gäbe es noch eine klitzekleine Chance, natürlich nicht auf ein Baby oder Kleinkind. „Wir hätten da schon was Geeignetes für Sie, besonders bei den pädagogischen Kenntnissen Ihrer Frau als Erzieherin und Lehrerin und Ihrem ehrenamtlichen Engagement im Kinder- und Jugendsport, Herr Klink." Es folgte eine kurze Pause: „Wir haben drei Kinder im Alter von zehn bis vierzehn Jahren. Geschwister. Man sollte sie möglichst zusammen adoptieren. Sie leben in einer Pflegefamilie, müssen dort aber raus. Das wäre doch etwas für Sie?"

Nein, diesen Vorschlag wollten und konnten wir nicht umsetzen. Daraufhin deutete man uns unumwunden an, dass wir in Deutschland keine weiteren Adoptionschancen mehr hätten.

„Nein, schriftlich könne man uns diese Aussage natürlich nicht bestätigen." – „Natürlich würde unsere Akte auf eine Adoption auch weiterhin im Amt verbleiben." – „Natürlich können wir uns die Adoption der drei Halbwüchsigen gerne noch einmal überlegen." – Natürlich …

FÜHLER AUSSTRECKEN

IN ANDEREN LÄNDERN

Nachdem uns somit die in Deutschland zuständigen Institutionen alle als „nicht geeignet" abgestempelt hatten, erwachte in uns ein ungeheurer Kampfesgeist.

Wir waren uns sicher: Es gibt irgendwo ein Kind für uns. Wenn nicht in Deutschland, dann in …?

Mit dem Orden von Mutter Theresa in Indien standen wir ebenfalls im Briefkontakt. In einem Schreiben wurden wir dann auch zu unserer Religionszugehörigkeit befragt. „Nein, wir sind nicht katholisch. Nein, keiner von uns beiden kann sich vorstellen, zum katholischen Glauben überzutreten." Und so mussten wir akzeptieren, dass wir für ein indisches Kind nicht den richtigen Glauben besaßen. Aber sind die Inder nicht Hindus oder Moslems? Während der drei Jahren Auslandsschule von 1968-1971 in Kabul/Afghanistan war ich auch mehrmals in Indien.

Zu „terre des hommes" nahmen wir nicht nur Kontakt auf, wir nahmen auch an einem Adoptionstreffen teil. Aber hier waren die Verantwortlichen des Treffens nicht mit unserem Weltbild – ohne dies näher zu erläutern – einverstanden. Und der Organisation war es ein Dorn im Auge, dass wir weder ein behindertes noch halbwüchsiges Schulkind aus Schwarzafrika adoptieren wollten.

Wir erkundigten uns bei Botschaften und Auslandsschulen, auch in Südamerika. Hatte ich nicht drei Jahre lang in Südchile gearbeitet? Vielleicht konnten hier alte Fäden neu aufgegriffen werden? Aber aus Chile ließ man uns wissen, nach Deutschland dürften nun keine Kinder mehr vermittelt werden.

Wir nahmen Gespräche mit Familien in Deutschland auf, die bereits einem Kind aus der „Dritten Welt" Liebe, Geborgenheit und einen Platz in ihrem Herzen eingeräumt hatten. Neue Informationen und Wege eröffneten sich.

Und wieder waren Monate ins Land gegangen. Sie waren angefüllt mit Briefe schreiben, sich an den unterschiedlichen Bewerbungsstellen immer wieder möglichst unaufdringlich in Erinnerung bringen, bangen, hoffen, sehnen, verzweifeln, verzagen, erschöpft und mutlos aufgeben wollen, um gleichzeitig mutig weiter zu kämpfen.

Manche Vermittlungsstellen reagierten auf den fünften oder zehnten Brief, andere meldeten sich nicht. Damals gab es noch kein Internet, keinen PC, alle Schreiben wurden auf der alten, klapprigen Schreibmaschine, die ich heute noch besitze, getippt. Damals war telefonisch so gut wie niemand erreichbar, denn Telefon gab es nur in den offiziellen Ämtern. Und so ein Brief über den Großen Teich dauerte schon mal zwei Wochen. Mit sechs Wochen Postdienst musste man dann schon rechnen, bis ein Antwortschreiben nach Deutschland flatterte.

Unsere Hoffnungen sanken unter den Gefrierpunkt. Keine Chance in naher Zukunft. Die Wartelisten schienen ungeheuer lang, Lichtjahre entfernt von unserem großen Wunsch nach einem Kind.

Wut, Bitterkeit, Resignation bemächtigten sich unser. Da gab es so viele Kinder, die ohne Eltern aufwachsen, ohne Liebe und Geborgenheit einer Familie, die auf der Straße dahinvegetierten. Kinder ohne Lebenschance und Lebensperspektive. Darüber wusste ich Bescheid, schließlich hatte ich sechs Jahre in sozialen Einrichtungen in Chile und Afghanistan gearbeitet und gelebt und unendlich viel Leid, Not und Elend der Kinder und deren Familien hautnah erlebt.

Aufgeben? Nein! Zu keinem Zeitpunkt waren wir bereit, unser Ziel fallen zu lassen. Wir waren felsenfest davon überzeugt: Irgendwo in der Welt wartet ein Kind, das zu uns gehört. Unser Kind.

AM 23. FEBRUAR 1980

DER ERSTE SCHRITT IN DIE ZUKUNFT

Was wir nicht mehr erhofften, geschah. Wir hatten nun alle Papiere des Jugendamtes für eine Adoption im Ausland zusammen. Die internationalen Geburtsurkunden, Heiratsurkunden, polizeiliche Führungszeugnisse, Wohnsitznachweise, Arbeitsbescheinigungen, Lohnbescheinigungen, Gesundheitszeugnisse, Leumund, Referenzen, Pässe usw.

Der Sozialbericht des Jugendamtes wurde uns zugesagt. Dieses wichtige, nein wichtigste Papier überhaupt sollte die vorläufige Pflegeerlaubnis enthalten, die ein Rechtsanwalt als Vollmacht benötigt, um eine Adoption irgendwo in der Welt einzuleiten.

In Peru sollten Auslandsadoptionen möglich sein, hatte mir eine Familie berichtet. Sie stünden auf der Warteliste, aber ihr Jugendamt sei nicht gerade begeistert, ein fremdländisches Kind nach Deutschland zu holen. So fahren wir zu dieser Familie, um so rasch als möglich die Bedingungen zu erkunden. Das Ehepaar ist inzwischen schon weit nach vorne in der Adoptionsliste aufgerückt.

Dieser Zufall sollte unser Hauptgewinn sein. Das Jugendamt vermittelte dem Ehepaar ein neugeborenes deutsches Baby. Dann liefen die Drähte heiß und das große Wunder geschah: „Der Warteplatz wird auf das Ehepaar Klink übertragen."

Mit neuem Mut fuhren wir nach Hause. Ich setzte mich sofort an die Schreibmaschine, um den ersten Brief nach Peru zu senden.

Unsere Anfragen in Afghanistan und Südchile wurden in diesen Tagen negativ beschieden. Ich hatte zwar das untrügliche Gefühl, dass wir dort eine Chance, wenn auch nur eine winzig kleine hätten, weil ich ja in diesen Ländern je drei Jahre gearbeitet hatte. Aber das war wohl nur ein weiteres, ganz großes Missverständnis auf dem langen Weg einer Adoption.

AM 24. MÄRZ 1980

DIE VORLÄUFIGE PFLEGEERLAUBNIS WIRD AUSGESTELLT

Endlich war wieder ein Schritt geschafft. Unser Jugendamt ließ uns zur Adoption zu, wenn auch nicht in Deutschland, sondern irgendwo in der großen weiten Welt.

Der erste wirkliche Hoffnungsschimmer nach fast zwei Jahren eiserner Bemühungen um ein Adoptivkind.

An dem Tag hatten wir den vierseitigen Antrag auf Pflegeerlaubnis beim Jugendamt abgegeben. Ein Stoßgebet wurde mit dem Schreiben gleich schwungvoll mit in den Briefkasten eingeworfen. Wir hatten längst alle Papiere für eine Auslandsadoption beisammen und vom Landgericht beglaubigen lassen. Unendlich viel Zeit, Nerven wie Drahtseile, Telefonate mit den Ämtern in unserem Bezirk, Übersetzungskosten und natürlich Legalitätskosten. Nur die Beglaubigung von der Beglaubigung durch die zuständige Botschaft des Adoptionslandes stand noch aus. So harrten wir auf das erste Hoffnungzeichen aus irgendeinem Land. Die erste Zusage wollten wir beim Schopfe packen.

Dieser feste, unbeugsame Wille und eine wilde Entschlossenheit, dass unser Kind uns finden würde, nährten unser Durchhaltevermögen und gaben uns Kraft, viel Kraft.

AM 27. MAI 1980

EIN HOFFNUNGSSCHIMMER AUS PERU

Im Briefkasten lauerte ein blauer Luftpostbrief mit peruanischen Briefmarken. Inkamotive waren darauf abgebildet. Vor lauter Aufregung und Anspannung riss ich mit zittrigen, ungeschickten Händen den Umschlag auf. Noch auf der Treppe las ich die ersten Zeilen. Sie waren mit der Schreibmaschine auf Deutsch getippt. Dann musste ich mich setzen. Meine Beine knickten wie Gummi ein. Vor Schreck wurde es mir ganz übel.

Eigentlich hätte ich ja einen Jubelschrei heraustrompeten müssen, dass die Wände wackeln, oder einen Luftsprung bis an den Himmelsrand vollführen. Aber da saß ich und starrte auf die wenigen, mit der Schreibmaschine getippten Zeilen auf dem hauchdünnen Luftpostpapier.

> *„… und möchte Ihnen mitteilen, dass ich in einigen Wochen ein Kind zur Adoption finden könnte. Sobald ich Ihre deutschen Unterlagen nach beiliegendem Papier in den Händen halte …"*

Die Buchstaben verschwammen, ich vergaß zu atmen, saß da wie zur Salzsäule erstarrt und konnte es nicht fassen. Ich konnte es einfach nicht glauben und saß zusammengesunken auf der kalten Steintreppe. Und gleichzeitig sagte eine Stimme tief in meinem Inneren. „Glaub es nicht, es kann wiederum nur ein Strohfeuer sein. Mach dir keine Hoffnungen, du bist schon viel zu oft enttäuscht worden. Das ist eine Fata Morgana." Aber mein anderes „Ich" schrie den inneren Schweinehund nieder: „Warum soll es dieses Mal nicht klappen, es ist doch eine Zusage." Und um ganz sicherzugehen, dass ich keiner Halluzination aufsaß und es auch kein Traum war, strich ich mit der Hand über den unwillkürlich zusammengedrückten Brief. Das leise Knistern holte mich blitzschnell in die Wirklichkeit zurück. Sorgsam strich ich das hauchdünne Papier glatt, eilte die Treppe hinauf und legte den Brief wie ein kostbares Geschenk behutsam auf den Tisch.

„Das wird heute Abend die Überraschung der Welt werden, wenn Siegfried nach Hause kommt." Es fiel mir unendlich schwer, nicht zum Telefonhörer zu greifen und mein Glück hinauszurufen.

AM 04. JUNI 1980

VON GUTEN KRÄFTEN WUNDERBAR GEBORGEN

Wir beide fühlten uns von guten Mächten wunderbar geborgen. Und dann trudelte die Pflegeerlaubnis ein. Es war ein gutes Omen. Nichts schien mehr schief gehen zu können.

Ich ertappte mich, wie ich einen Moment plötzlich wieder an die guten Mächte und eine hilfreiche Fee glaubte, wie in Kindertagen.

Sofort kopierte ich alle Unterlagen und kostbaren Originalpapiere, verfrachtete diese in einen großen braunen Umschlag und versah ihn mit vielen Briefmarken. Den blauen Luftpostaufkleber aufkleben und nach Peru senden.

Der Postbeamte benötigte einige Minuten, um das Porto nach Südamerika zu berechnen und wollte ihn im Postsack verschwinden lassen. „Kann ich den Brief selbst einwerfen?", bat ich den Postbeamten. Er blickte mir fragend ins Gesicht: „Natürlich."

Ich nahm dem Umschlag behutsam, fast zärtlich in die Hand, drückte heimlich ein Küsschen darauf und mit innigen, guten Wünschen glitt er fast lautlos in das gefräßige gelbe Maul des Postkastens. Die anderen Briefe an Waisenhäuser in Indien und Korea, Südchile, Brasilien, Ecuador und Nordperu purzelten hinterher.

AM 16. JUNI 1980

VOLLMACHTEN FÜR EINE GEMEINSAME ZUKUNFT

Seit drei Tagen lag die Vollmacht aus Lima auf dem Tisch. Wir hatten dieses unglaubliche Dokument hundert Mal gelesen. Endlich war der Notartermin. Dort mussten wir ein Schriftstück unterzeichnen, in dem wir dem Rechtsanwalt und Notar in Lima die Adoptionsvollmacht erteilten. Er konnte uns dann in allen rechtlichen Dingen auf den Ämtern in Lima vertreten und alle für eine Adoption benötigten Unterlagen und Urkunden vorlegen und einholen.

In einer Vollmacht, deren Wortlaut uns aus Lima vorgeschrieben ist, verpflichteten wir uns, ein Kind uneingeschränkt bei uns aufzunehmen sowie alle Kosten der Adoption zu übernehmen.

Siegfried als werdender Vater musste noch eine dritte Vollmacht unterzeichnen, in der er mich als seine Ehefrau ermächtigte, die Adoption in Peru persönlich durchzuführen, das Verfahren auch in seinem Namen in Lima abzuwickeln und mit dem adoptierten Kind nach Deutschland zurückzureisen.

Unser Schicksal war ein offener, geduldiger, versierter und hilfreicher Beamte, der Erste, den wir kennenlernten, der neugierig und positiv auf unser Adoptionsvorhaben reagierte. Beim Verlassen des Notariates wünschte er uns alles Glück der Welt.

Wir waren erleichtert und glücklich, wussten wir doch, dass wir die Hilfe des Notars noch öfters benötigen würden, wenn die Adoption in Peru erfolgreich abgeschlossen und ich mit unserem Kind in Deutschland zurück wäre. Dann erfolgte das zweite Adoptionsverfahren in Deutschland.

Ich fuhr mit dem Zug nach Stuttgart zur zugelassenen Übersetzungsstelle, damit anschließend das peruanische Konsulat alle Unterlagen über beglaubigen konnte.

Wir beschäftigten uns nun intensiv mit dem zukünftigen Heimatland Peru. Ich kannte Peru zwar durch Reisen von Chile aus, aber das lag über zehn Jahre zurück. Jetzt interessierten uns die sozialen und politisch aktuellen Gegebenheiten des Inkareiches weit mehr als seine grandiose Kultur.

AM 23. JUNI 1980

KINDER WERDEN STREUNENDEN HUNDEN GLEICHGESETZT

Was wir in Zeitungsartikeln oder Zeitschriften lasen und was wir in den letzten Monaten an Informationen über die möglichen Adoptionsländer zusammen getragen hatten, machte uns sehr betroffen und auch zornig. Wir wurden darin bestärkt, dass wir mit einer Auslandsadoption den richtigen Schritt in die richtige Richtung täten.

„Verlassene und obdachlose Kinder werden wie streunende Hunde abgetan ... Alle zwei Minuten stirbt ein Kind vor seinem ersten Geburtstag ... Millionen von Kindern verkommen in Lateinamerika im Großstadtdschungel ... Todesschwadron oder schießwütige Polizisten räumen die wie Pest herumlungernden Kinder, die wie „Schinken die Straße der Stadt verunreinigen", auf ... Die Parole: „Man muss aufräumen. Man muss sie ausrotten", erschallt überall ...

Wie streunende Hunde und Katzen werden die Kinder eingefangen, hinter Gitter gesteckt, zusammengepfercht mit Kriminellen, Zuhältern, Dealern oder Rauschgifthändlern. Diese richten dann die Kinder hinter Gittern für ihre Zwecke ab und bilden sie für die Bettelei, den Kurierdienst in der Drogenszene oder für Diebstähle und Raub an Passanten und in Geschäften aus ...“

Kinderbanden betteln, ernähren sich aus den Abfalltonnen der Supermärkte, schlafen an irgendeiner Hausfront auf den Treppen. Die Jüngsten sind gerade einmal drei Jahre alt. Den Weg aus der grenzenlosen Armut findet eins von Hunderttausenden Kindern. Und die Welt schaut schweigend und uninteressiert einfach zu.

SITUATIONSBERICHTE

WIE ES UM DIESE KINDER STEHT

Kinder sind ohnmächtig, sie haben weder psychische, physische noch ökonomische Druckmittel, sie haben keine Gewerkschaft und keine Stimme. Es gibt viele Millionen Eltern, besonders Mütter, deren Kraft ihre Kinder zu schützen und für sie zu sorgen, durch Arbeits- und Besitzlosigkeit, Krankheit, Behinderung, Elend, Entkräftung, Hunger und Not ausgezehrt und vernichtet sind. Richtige Ernährung, sauberes Wasser, Hygiene, ärztliche Versorgung, Arbeit, ein Dach über dem Kopf und Lohn sind die Basis für Gesundheit und für ein Überleben.

Kinderkrankheiten wie Masern oder auch Durchfall werden zur tödlichen Gefahr für ein unterernährtes Kind. Alphabetisierung der Frauen, das Recht auf Schulbesuch, Familienplanung und die elementaren Bildungschancen fehlen.

Die Kindheit wird durch das wirtschaftliche Klima, durch Gewalt, Kriminalität, durch das Nichteingreifen des Staates, durch die bittere Armut und Obdachlosigkeit der Kinder genommen oder bedroht und oft haben diese Kinder keine Kindheit.

Sie wachsen in Slums auf, ohne Wasser, Strom oder die einfachsten hygienischen Voraussetzungen, ohne ärztliche Versorgung, ohne Schule.

Auf Müllhalden und von Müllhalden leben diese Menschen, trotz bestialischem Gestank. Nicht einmal die unzähligen Ratten überleben hier länger, sie ersticken an den austretenden Gasen. Straßenkinder aber wühlen nach Brauchbarem im Unrat. Hier vegetieren Menschen, Kinder ohne Hoffnung und Lebensperspektive. Dieses Wühlen im Müll ist lebensbedrohlich: Bronchitis, Hautausschläge, Darmerkrankungen sind die Folge. Medikamente sind unerschwinglicher Luxus. Um die täglichen Verletzungen, auf den Müllhalden entstanden, wickelt man einen schmutzigen Lappen, denn Wasser gibt es meist nicht oder nur stundenweise und es ist teuer. Ohne Geld ist auch das ein unbezahlbarer Luxusartikel.

UND ZWEI JAHRE

Was wir zwei Jahre später in einer anmutenden Anti-Adoptions-kampagne in allen Zeitungen lasen, war unglaublich:

„Kinderhandel mit der Dritten Welt: Adoption auf Bestellung" „Kinder in Lima für 12.000 Mark verkauft" „Werden wohlhabende Leute kriminell, um ein Kind zu bekommen? Wissen die denn, was sie tun?" Eine andere Zeitung schrieb: „Das ‚kleine Schwarze' ist groß in Mode. Tausende kinderlose Ehepaare in Deutschland, Holland und Schweden kaufen sich Kinder in Asien oder Lateinamerika. Holländische Agenturen machen das große Geschäft mit organisierten Baby-Touren auf der Tropeninsel in Sri Lanka ..."

Meine Sammlung dazu wuchs erschreckend und fühlte sich für uns auch wie eine persönliche Bedrohung an.

Zahlreiche Adoptiveltern reagierten in Leserbriefen darauf. Auch wir. Die Stuttgarter Nachrichten berichteten über das „Kinderkriegen als bürokratischer Akt" und veröffentlichten meinen Leserbrief „Kinder aus der Dritten Welt" am 11. Mai 1982.

Später würde in einem Bericht des Jugendamtes Esslingen zu lesen sein: ... „Im Jahr 1983 wurden sechs Auslandsadoptionen und zwei Kinder an Pflegeeltern vermittelt. Diesen neun Adoptionen stehen 82 gemeldete adoptionswilligen Ehepaare gegenüber."

Und wie reagierten unsere Freunde und Familien? Mit diesem Vorhaben wurden wir als leicht „verrückt" abgestempelt. „Ausländer bei uns? Was wird später aus diesen Kindern? So Ausländer-freundlich ist Deutschland nun auch wieder nicht! Tolerant sind wir mit dem Mund, aber weniger mit unserem Herzen." Aber auch: „Wir begleiten und unterstützen euch auf diesem langen, schwierigen Weg und wünschen euch viel Glück, Kraft, Mut und Durchhaltevermögen. Ihr schafft das schon."

AM 26. JUNI 1980

IM LAND DER INKAS

An diesem Tag begann die Geschichte eines winzigen Lebens, viele Tausend Kilometer von uns entfernt, in Südamerika, in Peru, im Land der Inka. Was an diesem und den folgenden Tagen und Wochen geschah, erfuhren wir später durch unseren Rechtsanwalt in Lima und die mich begleitende und betreuende Dolmetscherin.

LIMA/PERU

AM 26. JUNI 1980

Eine Indiofrau, Maxima Rosario, ihr Alter wurde im Armenhospital mit 22 Jahren angegeben, sie kannte ihr genaues Geburtsdatum nicht. Hochschwanger machte sie sich in ihrer traditionellen, bunt gewebten Indiotracht, ihrem weit schwingenden Rock, ein bunt gewebtes Tuch über die Schulter gewunden, schweren und langsamen Schrittes, vorgebeugt unter der Last des Kindes, das auf die Welt drängte, auf den Weg ins Armenhospital in Lima. Dort würde sie einem Kind das Leben geben, für das sie nichts hatte. Nichts als die nackte Armut in einer winzigen, windschiefen Bretterhütte mit einer Tür. Ohne Fenster und mit einem Wellblechdach, auf das der Winterregen in Lima trommelt. Der graue Lima-Nebel lag bleischwer über der Stadt. Das Thermometer zeigte acht Grad an. Limawinter. Sie verdiente als Wäscherin ein paar Centavos und mit viel Glück auch ein paar Soles. Diese reichten für die sechs hungrigen Mäuler nicht aus. Ihr Mann hatte sich irgendwann einmal aus dem Staub gemacht.

Eigentlich lebte sie mehrere Tagesreisen von Lima entfernt, im Hochland der Anden auf etwa 3.000 m Höhe. Heute arbeitet Maxima Rosario an der Küste in Perus Hauptstadt Lima, begrenzt durch die Anden, dem mächtigsten Faltengebirge der Welt, mit seiner Gebirgslänge von 7.300 km, das den ganzen Kontinent durchzieht und begleitet.

Ihre Familie hingegen lebt im Hochland, dem Altiplano mit seinen schroffen Höhenzügen und Gletschervulkanen. Diese Hochtäler liegen 2.300 bis 3.800 m hoch. Hier leben die meisten Indiobauern, die Quechua und bauen Mais, Weizen, Gerste und Kartoffeln an. Maxima Rosarios Familie gehört zum Stamme der Quechua.

Das kleine Indiodorf auf dem Altiplano, dem kargen Hochland der Anden, ernährt die Familie mehr recht als schlecht. Sie leben von den wenigen Alpakas, dem Lasttier der Anden und den Schafen, die sie züchten und die sie auf dem Indiomarkt verkaufen. In dieser Höhe ist das Land karg, die Luft dünn und das Leben schwer.

Ihre Nachbarn besitzen noch zottige, braune Lamas und Guanakos als Lastentiere und Lieferanten für Fleisch und Wolle. Manche besitzen Schweine und in tieferen Lagen Rinder, die die spanischen Eroberer mitbrachten. Fast alle Indios halten sich als Haustiere Meerschweinchen, die gegessen werden.

Hoch über ihnen in der Luft gleitet der Kondor, der Herr des Hochgebirges, der schwerste fliegende Vogel mit einem Körpergewicht von bis zu zwölf Kilo und einer Flügelspannweite von bis zu drei Metern, ruhig und majestätisch über die Geröllfelder, Gletscher und das braune Land des Altiplano dahin. Der braune Boden ist karg und die kleinen Lehmhäuser mit den mit Schilf gedeckten Dächern ducken sich hinter braune Lehmmauern. Die Großmutter sitzt mit ihrem Wetter gegerbten braunen Gesicht und unzähligen tief eingegrabenen feinen Falten alterslos erscheinend, mit hervorgetretenen Backenknochen in der wärmenden Nachmittagssonne. Die Spindel zum Wollespinnen in den ruhelosen braunen Händen.

Viele Indios tragen Trachten, die von Region zu Region sehr unterschiedlich sind. Die Stoffe werden mit traditionellen Farben und Indiomustern aus Schaf- oder Alpakawolle selbst gewebt. Die Motive sind der Natur entnommen: Vögel, Pflanzen, der Kondor, das Lama, die doppelköpfige Schlange, die Sonne. Über die weit schwingenden Röcke wird eine farbenfrohe Bluse getragen. Ein Hut krönt das Ganze. Die Männer tragen über den Hemden quadratische Ponchos, einen Hut oder eine gestrickte Mütze.

Jeder in der Familie hat seine festgelegte Aufgabe: Holz organisieren, die Tiere versorgen, den Boden mühsam bestellen, Süßkartoffeln und Mais ernten, aus der gesponnen Schafs- und Alpakawolle leuchtende Teppiche und Tücher zu Umhängen weben, um diese zu verkaufen. Hier ist Maxima Rosario zu Hause. Sie hat wie alle Indios eine enge Bindung zur Familie und zur Mutter Erde.

Als Maxima Rosario noch klein war, wurde sie von ihrer Mutter auf dem Rücken getragen, eingehüllt in ein bunt gewebtes Stofftuch. Sie war in den Tagesablauf eingebunden, spürte die Sonne, den Regen, die Kälte und erfuhr jede Bewegung der Mutter hautnah. Sobald sie laufen konnte, trippelte sie neben der Mutter her, begleitete sie beim Kochen am Lehmherd und leistete ihr Gesellschaft bei der Feldarbeit, beim Weben, Wolle spinnen oder Schafe hüten. Mit drei Jahren durfte sie schon selbst auf die Tiere aufpassen, sie half im Haushalt mit und Maxima Rosario erlebte Arbeit in der Familiengemeinschaft.

Eine Spielwelt kannte sie nicht, sie war damit beschäftigt, Menschen, Tiere und die Natur mit allen Sinnen wahrzunehmen und zu entdecken. Sie lernte, wie Erde riecht, wie man sät oder erntet, wie man miteinander spricht und isst.

Als sie in die Schule kam, war der Schulweg lang und weit. Vor und nach dem Unterricht erledigte Maxima Rosario die ihr aufgetragenen häuslichen Pflichten. Sie kümmerte sich um die kleineren Geschwister, trug sie in ihrem bunten Tragetuch, half der Mutter

Dinge herzustellen, die auf dem Sonntagsmarkt verkauft werden konnten, bewässerte den Garten, lernte Stoffe zu weben, um daraus Bekleidung zu nähen oder Töpfe aus Ton herzustellen. Sie wurde größer, entdeckte ihre Umwelt, half der Mutter auf dem Markt ihre Waren zu verkaufen und lernte, wie man mit Geld umgeht und eine geübte Verkäuferin wird. Sie erfuhr etwas über Arbeit und Feilschen, über Streit, über die Überheblichkeit der Städter sowie die Solidarität ihrer Großfamilie und der Dorfgemeinschaft.

Wurde Maxima Rosario zu Hause bei der Ernte gebraucht, fiel die Schule aus. Sie lernte, das kleine Lehmhaus in Ordnung zu halten und zu reparieren. Das Haus hatte ihr Vater mit Nachbarn erbaut. Zuerst hatten sie in dem Lehmboden ein Loch gegraben. Lehm, Wasser und klein gehäckseltem Stroh wurden mit den nackten Füßen gestampft, ehe aus dieser Masse dann Ziegel geformt wurden, die in der Sonne trockneten. Daraus wurde dann das Haus gebaut.

Sie lernte auf einem Tier zu reiten, Wasser zu holen und an der Wasserstelle die Wäsche zu waschen, die auf der Wiese oder an Sträuchern zum Trocknen ausgelegt wird. Brennholz sammeln, Maissuppe kochen oder die dünnen Maisfladen zu backen, gehören zur Hausarbeit. Die kleine Kochstelle liegt genau neben der Tür, so kann der Rauch bequem abziehen.

Auch der kleine Lehmstall neben der Hütte muss sauber gemacht werden. Am Abend versammelt sich die ganze Familie vor dem Haus. Alle essen dasselbe und wenn es dunkel wird, schlüpfte Maxima Rosario zu ihren Geschwistern auf eine Matte oder ein Tierfell, das auf der Erde lag, und kuschelte sich unter eine gewebte Wolldecke.

Ihre Familie gehörte noch zur Urbevölkerung des Andenstaates mit seiner kolonialen Vergangenheit, aber auch seinem brutalen Terror, der alltäglichen Gewalt und der Korruption in Peru, der grenzenlosen Armut und einem von Arbeitslosigkeit gekennzeichneten Land.

Doch mit sieben Jahren änderte sich ihr Leben dramatisch. Sie wurde als „Chica" zu einer Señora und einem Patron in die

Millionenstadt Lima geschickt. Sie sah zum ersten Mal das
schäumende Meer und rund um sich herum nichts als gelbbraune Wüste. Maxima Rosario wusste, dass viele Mädchen in diesem Alter eingetauscht oder verkauft werden, um bei reichen
Leuten bei einer Señora zu waschen, zu putzen, zu kochen und
auf die Kinder aufzupassen.

In den kommenden Jahren würde sie mehrmals ihre Arbeitsstelle wechseln.

Sie musste auch auf die Kinder des Patrons aufpassen. Von Sonnenaufgang bis oft kurz vor Mitternacht. Ein eigens Zimmer
hatte sie nicht, sie schlief auf der Erde in einer Ecke der Wäschekammer.

Maxima Rosario fügte sich in ihr Schicksal, sie kannte es
nicht anders. Wenn der Patron sie nicht benötigte, vermittelte er die Kleine an Bekannte weiter. Der geringe Lohn reichte
nie. Sie wurde oft beschimpft und lebte von den Essensresten
der Familie oder dem, was man ihr übrig ließ. Nur ihre Arbeitskraft war gefragt und die möglichst kostenlos. Eine Schwangerschaft würde sie den Arbeitsplatz kosten. Das konnte sich Maxima nicht leisten.

Heimlich hatte sie bereits einigen Kindern das Leben geschenkt. Sie lebte in einer der unzähligen Callampas, die sich
wie ein Kranz um die Millionenstadt Lima schmiegen. Etwa
fünf Millionen Menschen leben auf diesen Müllhalden, um
Abfall aus dem Wohlstandsmüll zu sammeln, Büchsen, Papier,
Flaschen, Metall, Bekleidung und Essensreste, um zu überleben. Ohne Strom, ohne fließendes Wasser, ohne Kanalisation,
in einer Hütte aus Holz und Blechteilen zusammengezimmert
mit Karton, Plastikfetzen, Strohmatten gegen den staubigen
Wind abgedichtet. Gegen den Regen schützen Wellblechreste
notdürftig ab.

Das, was sie als Wäscherin oder Hausmädchen verdiente, reichte nicht. Ihre Señora ahnte auch nicht, dass sie hochschwanger
war. Ihre weiten Indioröcke verbargen ihren Zustand geschickt.

An diesem 26. Juni 1980 bat sie die Pachamama, die Mutter Erde, dass sie ihr Kind erst in der Nacht schicken möge, denn dann könnte sie am anderen Morgen wieder zur Arbeit gehen ohne dass irgendjemand von der Geburt ihres Kindes erfuhr, denn dies hätte unweigerlich eine Kündigung zur Folge gehabt. Und womit sollte sie dieses weitere Kind ernähren und am Leben erhalten?

Hier in der Callampa war das menschliche Leid, die Not, die Verzweiflung und Aussichtslosigkeit oft nicht mehr zu ertragen. Maxima Rosario lebte von der Hand in den Mund, von einem Moment zu anderen, von einem Tag zum nächsten Tag, immer in Sorge, den Arbeitsplatz zu verlieren. Sie lebte nur vom und im Augenblick, orientierte sich an der augenblicklichen, momentan realen Welt und versuchte, nicht an das aussichtslose Morgen zu denken.

Ihre Kinder halfen, das tägliche Überleben zu organisieren, sie versuchten sich als Schuhputzer, trugen auf ihrem Kinderrücken schwere Lasten vom Markt zu den Reichen nach Hause, wuschen für etwas Geld die Autos im quirlenden Straßenverkehr, sangen in den Bussen, bis sie rausgeschmissen wurden. Ohne diese Arbeitseinsätze ihrer Kinder wäre eine Existenzsicherung nicht möglich gewesen.

An diesem Tag durchforsteten ihre Kinder die Müllhalden der Stadt, um Abfall zu sammeln, den man dann verkaufen könnte. Ein Leben auf den stinkenden, schwelenden Müllbergen. Tausenden von Kindern in Lima ergeht es so.

In dieser Nacht war Maxima Rosario noch unterwegs, sie war auf dem Weg nach Hause. Sie dachte an ihre Kinder und an das, was sich nun vehement regend unter ihren weiten, bunten Indioröcken verbarg und bewegte. Hoffentlich würde das Kind in dieser Nacht zur Welt kommen.

Sie wusste, dass sie ihr Kind nicht auf dem Standesamt in Lima anmelden konnte, wie ihre anderen Kinder auch. Sie existierten amtlich nicht. Damit fielen auch keine Gebühren an und wenn eines der Kinder sterben würde, müsste man keine „Todesgebühren" bezahlen.

„Was soll ich bloß mit diesem Kind tun? Ich kann mich und die anderen Kinder kaum ernähren?", murmelte sie verzweifelt vor sich hin.

Eine Freundin, die auch als Empleada, als Hausmädchen bei den reichen „Gringos", den Weißen arbeitete, hatte ihr zugeflüstert, sie solle im Armenhaus ihr Kind zur Welt bringen.

Automatisch bog sie in die staubbedeckte, nächtliche Straße am Rande der Stadt ein und stand unvermittelt vor dem Armenkrankenhaus.

Morgens um 4:15 Uhr schenkte sie einem kleinen Mädchen das Leben. Nach neun Monaten brachte sie ihr 3.210 Gramm schweres Kind zur Welt.

Einen Namen erhielt das kleine Bündel Mensch nicht, es würde sowieso nicht überleben. Maxima Rosario hatte kaum Muttermilch, weder ein Bett noch ein warmer Raum war vorhanden. Draußen zeigte das Thermometer am Nachmittag ganze acht Grad plus an. Limawinter.

Sie wusste, dass sie das Hospital nach der Entbindung innerhalb von vierundzwanzig Stunden verlassen musste. Im ersten Morgengrauen schlich sie sich vorzeitig heimlich davon und tauchte im Nebeldunst unter. Ohne ihr Kind.

Das machen viele Indiofrauen, die vom Hochland in die Stadt kommen, um hier den Lebenskampf zu bestehen.

Außerdem musste sie als Wäscherin früh am Morgen kurz nach Sonnenaufgang bei der Señora ihre Arbeit aufnehmen, wenn sie ihre Arbeitsstelle nicht aufs Spiel setzen wollte.

Das kleine, verlassene und namenlose Wesen wurde in feste Tücher gewickelt und in einen Raum getragen, in dem auf langen einfachen Holzpritschen viele Neugeborene lagen.

LIMA AM 27. JUNI 1980

EIN KIND ERBLICKT DAS LICHT DER WELT

Am anderen Tag kehrte Maxima Rosario ins Hospital zurück, drückte das kleine Bündel Mensch zärtlich an sich und kehrte mit ihm zurück in ihre Elendshütte. Dort legte sie ihr Kind in einen kleinen braunen Pappkarton. Es ist ihr Kind. Sie hat es unter Schmerzen zur Welt gebracht. Sie liebt dieses Kind, so wie jede Mutter der Welt ihr Neugeborenes liebt.

Doch von Liebe allein kann das Baby nicht leben, das weiß sie ganz genau: Ohne Milch, liebevolle Pflege, ohne Kleidung, Wärme und Nahrung muss ihr Neugeborenes sterben. Sie hat diese entsetzliche Erfahrung schon einmal gemacht.

LIMA AM 30. JUNI 1980

ÜBERLEBENSKAMPF

Tagsüber musste sie das Kind in der winzigen Hütte zurücklassen. Die Kleine wimmerte, weinte, schrie. Nach wenigen Tagen gab das Baby den Kampf um sein bisschen Leben auf. Es lag im Kot, ein Teefläschchen als Nahrung neben den winzig kleinen Händchen, die zu Fäusten geballt waren. Ab und zu sah eines der Geschwister nach ihm, doch sie waren damit beschäftigt, auf den stinkenden Abfallhalden mit Hacken und Stöcken oder den bloßen Händen Brauchbares herauszuholen.

Dabei heißt es Heerscharen von Fliegen zu vertreiben, sich mit den kreisenden Geiern herumzuärgern und Stöcke oder Müll nach ihnen zu schleudern. Den streunenden, abgemagerten Hunden gilt es gute Fundstücke abzujagen, um schließlich das Beutestück in Tüten und Säcke zu stopfen. Am Ende des Tages werden die so gesammelten Reichtümer auf dem Rücken abtransportiert. Man wird versuchen, sie zu verkaufen. Noch verwertbare Lebensmittel schleppen die Kinder in ihre Behausung.

Einen Namen hatte das Kind noch immer nicht. Kind heißt es nur: Nina, Mädchen. So braucht man es nicht anzumelden und die Ausstellung eines Totenscheines entfällt, denn beides kostet Geld. Geld, das Maxima nicht besitzt.

Niemand weiß, wie viele Kinder das erleiden müssen. Es heißt nur: „Jedes dritte Kind hat die Chance zu überleben". Geboren werden, um zu sterben.

Etwa jeder zweite Peruaner ist ein Indianer, ein Drittel sind Mestizen, also Mischlinge aus Indianer und Weißen, und nur 12 % sind Weiße. In Armut leben etwa sechzig Prozent der Peruaner. Sie sind die Leidtragenden der verfehlten Politik, der Aufstände, des Mordens durch das Militär. Dem Reichtum weniger steht das Elend der Massen gegenüber. Vielen Indios bleibt nur noch Betteln oder Diebstahl offen und so schließen sie sich gewaltlosen Bewegungen an, um ihre Menschenrechte einzufordern.

Frauen und Kinder sind die billigsten Arbeitskräfte und halten die Familien am Leben. Sie versorgen auf dem Lande die Tiere, schleppen Feuerholz und Wasser herbei, sind für die Ernte zuständig, laufen kilometerweit zum Markt, um ihre Waren feilzubieten und halten Haushalt und Kinder in Ordnung.

Und der Mann? Zu viele fühlen sich als berechtigte Patriarchen und sind Machos. Ein echter Mann zeugt allzu oft zahlreiche Kinder und überlässt dann die Familie sich selbst.

Um dem täglichen Überlebenskampf standzuhalten, wird die Droge Koka gekaut. Schmerzen, nicht behandelte Krankheiten und auch der Hunger werden so überlagert. Drogenhändler und Drogenmafia machen gute Geschäfte.

Früher durften Indiokinder nicht die Schule besuchen, sondern wurden vom Staat bewusst als Analphabeten zu billigsten Hilfskräften herangezogen. Die Indios wurden enteignet, man nahm ihnen gutes Ackerland ab und gab ihnen schlechten Grund und Boden.

Heute bietet Peru einen kostenfreien Schulbesuch und es besteht Schulpflicht vom 8. bis zum 14. Lebensjahr. In den Städten gibt es Kindergärten, auf sie bauen die Primarschule und dann die Sekundarschule mit Fachschule und Abitur auf.

In den großen Städten sind etwa 11 Prozent noch Analphabeten, auf dem Land steigt dieser Anteil auf bis zu 70 Prozent.

Kinder und Jugendliche müssen Geld verdienen, um der Familie das karge Überleben zu sichern. Reiche ermöglichen ihren Kindern teure Privatschulen und damit eine gute schulische Ausbildung und leider investiert der Staat in die Schulbildung für alle sehr wenig.

Arme Kinder legen oft einen kilometerlangen Schulmarsch zurück, nach einem schweren Arbeitstag zu Hause. Und dennoch oder gerade deshalb wollen diese Kinder zur Schule gehen. Sie werden am ganz frühen Morgen und am späten Nachmittag bis in die Nacht hinein im Schichtbetrieb unterrichtet.

Auf dem Land und in den großen Elendsvierteln um die Städte herum kümmert sich der Staat wenig um die Bildung seiner Kinder.

Fast alle Peruaner sind katholisch. Die Indios sind sehr gläubig und haben aus der Inka- und Indianer-Zeit religiöse Sitten, Bräuche und Überlieferungen übernommen und in den christlichen Glauben eingebettet, sodass alles miteinander und ineinander verwoben ist.

Viele christliche Feste fallen mit den alten Bräuchen zusammen und werden als ein großes Fest in der Gemeinde begangen.

Das wichtigste Jahresfest zu Ehren des Sonnengottes „Inti Raymi" fällt mit dem Fest des heiligen Johannes zusammen. An heiligen Wallfahrtsorten treffen sich Tausende von Menschen an einem bestimmten Tag. Dort sprechen sie mit Gott, musizieren, tanzen, feiern. Sie bringen symbolische Opfergaben und bitten ihre Götter um Erfüllung. Dabei nimmt die Pachamama, die Mutter Erde, das Spiegelbild zur Muttergottes ein.

Priester nutzten den Indioglauben aus, die Menschen wurden ausgebeutet und gehorchten.

Das Bild des leidenden Christus am Kreuz wird von den Indios am höchsten verehrt. Von ihm erwarten sie Hilfe und Verständnis für ihr eigenes Leben.

EIN LICHTBLICK

An diesem Nachmittag erfährt Maxima Rosario von einer befreundeten Empleada, dass es ein Waisenhaus gibt und dass dort einige wenige Kinder das unglaubliche Glück haben, von verrückten Fremden mitgenommen zu werden. Menschen mit weißer Haut und einer fremden Sprache. Kein Peruaner würde je ein Indiokind adoptieren. Niemals. Also müssen diese Gringos, wie die Weißen genannt werden, völlig verrückt und übergeschnappt sein.

Maxima Rosario bringt ihr halb verhungertes Kind dort hin. Legt es behutsam neben einer Mülltonne vor dem Haus ab, versteckt sich und beobachtet das Haus. Wenig später tritt eine Frau aus der Tür, hört das Wimmern, schaut sich suchend um, geht hin und hebt das Bündel Mensch auf. Die Tür schließt sich leise hinter ihr. Ihr Kind und die Frau sind aus ihrem Leben verschwunden. Maxima macht sich erleichtert auf den Heimweg.

Die Kinder liegen auf langen Pritschen, dicht aneinandergedrängt. Sie sind bis zum Hals eingewickelt. Nur der Kopf ist noch frei beweglich. Auch hier sind Kleidung, Nahrung und Personal Mangelware. Viele Kinder werden nicht überleben, sie liegen im Kot und Erbrochenen. Niemand kann sich um so viele ausgesetzte und verlassene Kinder kümmern. Es fehlt auch an medizinischer Betreuung. Das Heim lebt von Spenden und ehrenamtlichen Betreuern. Alle Kinder leiden unter schweren Mangelerscheinungen, es fehlt an Aufbaustoffen ebenso wie an Milch. Tee, Gemüsesuppe und eingeweichtes Brot bilden die Überlebensbasis. Parasiten und schwere Durchfälle zeichnen die Kinder.

Nur willensstarke Kinder, die immer wimmern und ihre Not herausschreien und so auf sich aufmerksam machen, werden den Kampf mit dem Tod bestehen. Die anderen Kinder werden immer stiller, bis sie unbemerkt und lautlos ihr kleines Lebenslicht verlöschen lassen.

LIMA AM 14. JULI 1980

DAS SCHICKSAL NIMMT EINE UNERWARTETE WENDUNG

Maxima geht nach zwei Wochen zurück ins Waisenhaus. Sie wünscht sich so sehr, dass ihr Kind noch lebt. Und wenn es so wäre, würde sie es zur Adoption frei geben.

AUS DEM GERICHTSPROTOKOLL

„Vor dem Jugendrichter in Lima erfolgt um 14:00 Uhr der Gerichtstermin in der Adoptionsverhandlung. Die abgebende Mutter wurde einbestellt, um der Abgabe ihrer Tochter zuzustimmen. Maxima Rosario erklärt mit ihrer Unterschrift, dass sie das Kind an Adoptiveltern abgeben möchte."

LIMA 21. JULI 1980

ENTDECKT

Das kleine Mädchen ohne Namen lebt noch immer. Da besucht am frühen Morgen ein von der Regierung zugelassener und beauftragter Advokat das Waisenhaus. Er darf Auslandsadoptionen durchführen. Der Kalender, wenn es einen hier gäbe, zeigt das Datum des 21. Juli 1980.

An diesem Vormittag entdeckt dieser Rechtsanwalt das Kind. Es schreit und kämpft um sein Leben. So zieht es das Interesse und die Neugierde des Gastes auf sich.

Ein zweites Leben wird dem kleinen, noch namenlosen Mädchen geschenkt. Pachamama hatte die flehentlichen Bitten von Maxima Rosario erhört.

LIMA AM 22. JULI 1980

DAS KLEINE MÄDCHEN ERHÄLT EINEN NAMEN

AUS DEM GERICHTSPROTOKOLL:
„Um 15:00 Uhr wird die abgebende Mutter abermals zur Verhandlung vor dem Jugendrichter einbestellt. Ihr wird eröffnet, dass Adoptiveltern gefunden wurden. Sie erklärt durch ihre Unterschrift, dass das Kind den Namen Felicitas Mariella Klink erhalten soll.

Außerdem muss sie noch einmal dieser Adoption zustimmen, nachdem das Gericht erneut die Personalien aufgenommen hat. Sie bezeugt, dass sie die Mutter des Kindes ist, ledig, 22 Jahre alt, Wäscherin und Hausmädchen, wohnhaft in Nueva Esperanza.

Weiterhin bezeugt sie, dass sie den Kindsvater nicht kennt und deshalb das Kind auch nicht in das Geburtenregister der Stadt Lima eingetragen wurde. Da der Aufenthalt des Kindsvaters nicht ermittelt werden kann, kann das Kind somit auch nicht anerkannt werden. Deshalb konnte eine Geburtsurkunde nicht ausgestellt werden."

LIMA AM 24. JULI 1980

ADOPTIONSZUSTIMMUNG

AUS DEM GERICHTSPROTOKOLL:
„Erneute Gerichtsverhandlung. Die Mutter beantragt, dass ihr Kind von dem deutschen Ehepaar adoptiert wird. Der Richter bestätigt die Einwilligungsniederschrift zur Adoption.

Der Erste Jugendrichter verfügt über die Eintragung in die auszustellende Geburtsurkunde: Felicitas Mariella Klink."

DEUTSCHLAND AM DONNERSTAG 31. JULI 1980

SPRACHLOS

Im Briefkasten liegt ein blauer Luftpostbrief. Sofort erkenne ich die peruanischen Briefmarken. Oben links prangt der große Stempel der deutschen Schule in Lima. Mein Herz klopft bis zum Hals, als ich ihn etwas unschlüssig in der Hand halte. Soll ich ihn gleich öffnen oder bis zum Abend warten, bis Siegfried nach Hause kommt? „Du meine Güte, wenn er nun gar eine gute

Nachricht enthält? Aber nein, bisher nur Absagen oder Vertröstungen und Enttäuschungen."

Aber die weibliche Neugierde gewinnt die Oberhand. Mit flatterndem, bis zum Hals klopfendem Herzen, Neugierde, Freude gemischt mit Angst, zerre ich mit zitternden Händen am Briefumschlag, reiße ihn ungeduldig und ungeschickt auf.

Die ersten Zeilen überfliege ich fahrig, ohne zu begreifen, was ich lese. Das Schreiben ist nicht etwa in Spanisch getippt, nein, es sind deutsche Worte und Sätze. Doch mein Gehirn hat sich wohl abgeschaltet, ist steckengeblieben oder hat sich gar aufgelöst?

Also beginne ich die Zeilen zum zweiten Mal halblaut zu lesen. Nun macht es in meinem Hinterkopf „Klick" und die Wörter rinnen wie durch eine Sanduhr in mein Bewusstsein. Immer wieder von Neuem lese ich mit Staunen den Briefbeginn:

„Liebe Familie Klink,

ich möchte Ihnen heute die langersehnte Nachricht übermitteln, dass ein kleines Mädchen für Sie gefunden wurde. Das Kind ist am 26. Juni 80 geboren. Weitere Einzelheiten weiß ich noch nicht.

Das Kind wird sofort in eine Pflegefamilie gegeben."

Etwas unschlüssig drehe ich das zehn Tage alte Schreiben und betrachte dann den Umschlag von allen Seiten. Ich will mich vergewissern, dass er tatsächlich an mich adressiert ist und nicht an jemand anderen, denn dieser Inhalt ist ungeheuerlich.

So viel ich auch den Brief samt Inhalt inspiziere und kontrolliere, hin und her schwenke, da steht mein Name. Klar und deutlich. Unumstößlich. „SRA Gabriele Klink, Einsteinweg 22, 7440 Nürtingen, West Germany"

Fassungslos rinnen mir die Tränen über das Gesicht. Ich bemerke es nicht einmal. Erst als mit einem leisen „Plopp" ein Tropfen einen unübersehbaren, dunklen, nassen Klecks auf dem blauen Luftpostumschlag hinterlässt, mir die Buchstaben verschwimmen und vor meinem Gesicht tanzen, spüre ich auch körperlich: „Es ist wahr!"

Ich kann es nicht glauben! Lese und lese, aber die Buchstaben bleiben gleich, kein Wort verschwindet wie mit unsichtbarer Tinte geschrieben. Die Sätze bleiben ganz brav und artig dort, wo sie hingehören, nämlich auf dem Briefpapier.

Jubel im Inneren kämpft gegen den sich jetzt regenden und neu erwachten Verstand. Ich will umgehend diese Traumnachricht an Siegfried weiterleiten. Das Telefon steht fast neben mir. Ich stehe wie festgenagelt, festgewurzelt. Mein Arm ist tonnenschwer und nicht imstande, den Hörer abzuheben. Ich will ja diese Nachricht glauben, kann sie aber schlicht und einfach nicht fassen.

Da sitze ich. Aufgelöst. Erstarrt. Ich bin außerstande, das zu tun, was nun getan werden müsste und was mir mein klarer Verstand eingibt „Ruf den frischgebackenen Vater an". Doch ich habe das untrügliche Gefühl neben mir zu sitzen. „Ich muss den frischgebackenen Vater umgehend über sein Vaterglück informieren", rufe ich befreit. „O Gott, wie bringe ich ihm das bloß bei? Wie wird er reagieren? Er kann sich schließlich nicht einfach hinsetzen, um diese Nachricht zu verdauen. Er hat auch keinen Brief in den Händen, an dem er sich festklammern kann. Und er ist nicht allein, sondern die Arbeitskollegen werden ihn forschend beobachten. Er steht an einer Maschine, die volle Konzentration einfordert."

Aber alle „Wenns" und „Abers" verflüchtigen sich wie mit Zauberhand, als ich mich nach einer kleinen Ewigkeit erhebe und mich durchringe, den Telefonhörer in die Hand zu nehmen. Ich bin so nervös, dass ich mich zweimal verwähle.

Es dauert und dauert, bis Siegfried endlich ans Telefon gerufen wird und sich meldet „Klink". Ich kann nun nur noch überstürzt und atemlos in den Telefonhörer stammeln: „Halt dich fest. Es ist die schönste Nachricht unseres Lebens: Wir sind die glücklichsten Eltern der Welt. Wir haben eine kleine Tochter in Peru."

LIMA AM 06. AUGUST 1980

UNSERE KLEINE TOCHTER IN LIMA

AUS DEN GERICHTSAKTEN:

„Es ergeht der Beschluss im Adoptionsverfahren in Lima: Das Gericht stellt den Antrag im Namen der Mutter, die anwesend ist, auf endgültige Adoptionsbescheinigung. Es wird erneut festgestellt, dass alle vorliegenden Unterlagen rechtskräftig sind. Sie erfüllen nach eingehender Überprüfung die peruanischen Adoptionsgesetze.

Maxima Rosario werden die Fotos aus Deutschland über die Adoptionseltern und deren Wohnumfeld vorgelegt und diese kommen zu den Gerichtsakten.

Am Ende der Verhandlung ergeht der Beschluss des Herrn Staatsanwalt, dass dieses Kind den Eheleuten aus Deutschland zur Adoption übergeben wird. Weiterhin wird beantragt, die Namensgebung dem Standesamt in Lima-Miraflores zur Eintragung zu übermitteln und an das Personenstandsregister weiterzuleiten, damit das Kind ausreisen kann. Es wird weiterhin beschlossen, dass sowohl der Name des Kindes als auch das Geburtsdatum festzuschreiben ist."

LIMA AM 10. AUGUST 1980

ENDLICH EINE GEBURTSURKUNDE

AUS DEN GERICHTSAKTEN:

„Da kein Widerspruch eingereicht wurde, verfügt das Gericht am 10. August 1980, dass die Adoption ausgesprochen wird. Alle Unterlagen sowie die 32 Seiten Gerichtsprotokoll werden der Staatsanwaltschaft zur Beglaubigung vorgelegt, mit der Bitte um Weitergabe an das Außenministerium."

DEUTSCHLAND AM MITTWOCH, 13. AUGUST 1980

TRÄUME

Die nächsten Tage sind hektisch. Alle Papiere zur peruanischen Botschaft bringen. Fotokopien anfertigen, alles beglaubigen lassen, abschicken. Ein Stoßgebet begleitet den dicken Brief über den Ozean und eine leise Bitte schicke ich hinterher: „Komm gut an!"

Nachts träume ich von unserem Kind, obwohl ich noch nichts weiß. Natürlich haben wir in Lima sofort angerufen, dass wir das Baby haben möchten. Den Namen „Felicitas" haben wir sorgfältig ausgewählt. Etwas anderes schien uns unpassend zu sein: Wir wünschen unserer kleinen Tochter, dass sie mit uns und bei uns glücklich wird. Er lässt sich in Peru aussprechen und spiegelt unser gemeinsames Glück einfach im Namen wieder.

Die Suche nach einem preisgünstigen Flug scheint wie eine unüberwindliche Hürde. Die Sommerferien haben begonnen und Peru liegt ja nun nicht gerade um die Ecke. Dann das Riesenglück. Ein Jumbo der spanischen Avianca würde mich nach Peru bringen.

Es war schwierig eine genauere Vorstellung außerhalb der Reiseführer und Ausgrabungsberichte über Peru zu erhalten. Das Internet war noch nicht erfunden und wen interessierte schon Peru? Wir entwickelten uns zu wahren Spürhunden im Entdecken von Literatur. Im Sprachkurs hatte ich mein Spanisch wiederaufgefrischt. Peru, unser Kind, Spanisch, Flug, Ungewissheit. Alles drehte sich wild durcheinander, wirbelte wie bunt gefärbte, leuchtende Herbstblätter im Wind immer wieder im Kreis herum.

SAMSTAG, 16. AUGUST 1980

DIE GROSSE REISE INS UNBEKANNTE

Alle Papiere sind nun vollständig da, mit interessanten Stempeln verziert und in einer dick angeschwollenen Mappe verstaut. Geld, Pass und Geburtsanzeigen sind eingepackt. Die blaue Tragetasche und der Koffer warten auf das große Abenteuer auf der anderen Welthalbkugel.

FLUGHAFEN STUTTGART

14:50 UHR

Eine letzte Umarmung und mit Tränen in den Augen verabschieden wir uns. Wenn wir uns wiedersehen, sind wir Eltern und unser bisheriges Leben wird sich von Grund auf verändert haben. Meine innere Anspannung ist fast unerträglich. Freude, Trauer, Angst, Hoffnung und Zweifel kämpfen gleichzeitig in mir. Es ist die letzte, endgültige Entscheidung. Noch kann ich umkehren. Unser Kind abzuholen, die übergroße Spannung auf all das, was nun präzise wie ein Uhrwerk abzulaufen beginnt, ängstigen mich und alles vermischt sich im Chaos von Gefühlen und Gedanken. Dann bin ich auf dem Weg nach Peru. Ein Weg von 31 Stunden zwischen Stuttgart und Lima. Ein weiter Weg ins Ungewisse.

Die Maschine wird aufgerufen. „Frauen und Kinder zuerst", sagt die Stewardess freundlich und schiebt mich nachdrücklich in den Gang. Ich will protestieren. Mit der Tragetasche ohne Inhalt finde ich mich zwischen Kindern und Frauen wieder. Ich halte die Tasche krampfhaft fest – oder hält sie mich fest? Sie ist jetzt mein einziger Halt und der einzige Beweis, dass es unser Kind gibt. Wirklich gibt. Es ist sozusagen mein Schwangerschaftsnachweis. Ich bin sozusagen auf dem Weg zu einer Geburt. Verstohlen blicken die Mitreisenden in die Tasche, um einen kleinen Blick auf den Inhalt zu erhaschen. Aber außer Bettzeug ist noch nichts drin.

Im Flugzeug versuche ich dann, der Stewardess meine Situation klar zu machen und sie davon zu überzeugen, dass ich erst auf dem Rückflug Mutter wäre. Ungläubig starrt sie mich an, ihr Blick bleibt auf meiner Bauchregion haften –, kein Millimeter einer Schwangerschaft ist zu entdecken. Passagiere drängeln sich an mir vorbei. Einige lauschen verstohlen und neugierig dem nicht ganz lautlosen Gespräch. Endlich ist eine Verständigungsbrücke aufgebaut. Die Stewardess überzeugt sich gewissenhaft noch einmal, dass die Tasche wirklich leer ist und verstaut sie in die Ablage über mir.

Langsam hebt die Maschine nach Frankfurt ab. Von dort fliege ich nach Paris, weiter geht es nach Madrid und dann über den Großen Teich nach Lima.

„Werde ich das alles schaffen, so weit weg von zu Hause? Werden wir gute Eltern sein? Wird unsere kleine Tochter uns auch adoptieren und annehmen können? Wird die Adoption gut verlaufen und was ist, wenn irgendetwas verhindert, dass ich mit dem Kind ausreisen kann?"

Dann bin ich auf dem Weg zu unserer kleinen Tochter. Ich versuche, mich auf den langen Weg dieser Adoption zu konzentrieren. Ich versuche mir die Worte „Mama" und „Papa" vorzustellen, ich möchte sie mir einprägen und sie mit Leben erfüllen.

Auf der unendlich langen Flugreise kreisen meine Gedanken wie ein Karussell in der Warteschleife. Wir haben alles Tausende Male besprochen. Aber die Sorgen lassen mich nicht los. Ich kann nicht abschalten. „War es richtig, ein Kind aus einer anderen Welt zu uns zu holen? Sind Auslandsadoptionen so unmoralisch wie man es in der Presse lesen kann? Werden wir mit der Fremdenfeindlichkeit in Deutschland richtig umgehen können, wenn sie uns berührt? Werden wir überhaupt in der Lage sein, dieses Kind, unser Kind anzunehmen, zu lieben? Können wir gute Eltern sein? Was erwartet mich in Peru? Wie lange werde ich dort sein? Reichen die geplanten vierzehn Tage aus?"

Und ich stelle mir in Gedanken ganz direkte Fragen: „Wie wird sie aussehen? Hoffentlich ist sie gesund! Wie groß wird sie sein und hat sie wirklich so lange schwarze Haare, wie der Rechtsanwalt am Telefon die Kleine beschrieben hatte und hoffentlich akzeptiert sie mich auch." Fragen über Fragen – und noch keine Antwort. Ich versuche mich auf das Abenteuer Adoption zu konzentrieren und einzulassen.

SONNTAG, 17. AUGUST 1980

GESCHAFFT

CARACAS 4:50 UHR

Ich schrecke hoch. Meine Armbanduhr ist schon auf 10:50 Uhr vor gehastet. Die Borduhr zeigt 4:50 Uhr. Ich werde meine Armbanduhr nicht verstellen. Dann weiß ich, wie spät es zu Hause ist. Meine Uhr ist meine Nabelschnur nach Deutschland.

BOGOTA 7:15 UHR

Wieder startet der schwere Silbervogel in den nächtlichen Himmel. Lima rückt näher und näher. Einige Zeit später zieht die voll besetzte Maschine eine weiche große Schleife. Durch den Bordlautsprecher ertönt das untrügliche Zeichen zum Anschnallen. Der Landevorgang ist eingeleitet. Die Nase des Jumbos neigt sich. Unter mir ist alles gelbbraun. Wie ein Gürtel legen sich die kleinen Hütten, die Callampas, die Elendsviertel um die Hauptstadt Lima. Alles sieht aus der Luft wunderschön aus. Wie ein braunes, überdimensionales Schachbrett. Jetzt wird das Stadtzentrum erkennbar, die Maschine landet.

LIMA 12:20 UHR

Gelandet. Die Fluggäste applaudieren. Aussteigen. Peruanische Luft schnuppern. Mein Herz trommelt. Meine eiskalte Hand umklammert die blaue Reisetragetasche wie einen rettenden Strohhalm. Sie scheint zentnerschwer. Mein Mund ist wie ausgetrocknet.

Zollkontrolle. Dann stehe ich im Empfangsraum. Ein Winken. Doch es gilt nicht mir. Ich recke mich, schwenke das verabredete Zeichen über mir, die blaue, weit sichtbare Tragetasche. Niemand antwortet. Fast alle Mitreisenden sind verschwunden. Meine Hoffnung sinkt. Schon lege ich mir einige spanische Sätze zurecht.

„Señora Klink?" Eine fragende Stimme hinter mir! Ein Mann und eine Frau schauen mich fragend an. „Ich bin der Funker Georg." – „Und ich Wally, Ihre Dolmetscherin für die Adoption." Glücklich und erleichtert strahle ich die beiden an. Wir fahren zu Georg und er setzt einen Funkspruch nach Deutschland ab: „Ich bin gut gelandet." Wenige Minuten später klingelt das Telefon in Nürtingen und unser Funkfreund gibt die gute Nachricht weiter an Siegfried: „Sie ist angekommen, wurde erwartet und abgeholt."

LIMA 17:00 UHR

Vor fünf Stunden bin ich gelandet. Ich fiebere danach, unser Kind zu sehen, zu spüren, zu berühren. Bald. Geduldig sein. Die Zeit verrinnt im Zeitlupentempo unendlich langsam. In Südamerika gehen die Uhren einfach gemächlicher. Im Haus des Anwaltes heißt es wieder: Warten.

Die weiße Holztür wir leise geöffnet. Der so lang ersehnte große Augenblick ist da. Eine dunkelhaarige Peruanerin trägt etwas Gelbes auf dem Arm. Es wird mir behutsam in die Arme gelegt. Ganz warm. Ganz weich und ganz still. Ich sehe etwas Schwarzes, das sich in der gelb gehäkelten Wolldecke regt. Ich weiß heute nicht mehr, ob ich vor Anspannung überhaupt noch geatmet habe. Ich höre nichts mehr. Ich sehe nur unsere kleine Tochter. Alles scheint unendlich weit weg. Ein Traum? Geschieht dies mir? Die Welt steht still, unfassbar still. Nur wir beide sind da.

Doch dann holt mich die Wirklichkeit ein. Behutsam schiebe ich die Decke zur Seite. Ein pechrabenschwarzer, dichter Haarschopf, der wie ein Sonnenkranz das kleine braune Kindergesicht umrahmt. Wie ein Igelchen sieht es aus. Bei meinem Anblick aber erschrickt es, das kleine braune Gesicht verzieht sich in eine Landschaft mit vielen Falten und ein klägliches Weinen ertönt protestierend und missbilligend mir als Ruhestörer entgegen.

Das also ist unsere kleine Felicitas? Ich hatte keine Ahnung, was ich mit so einem kleinen protestierenden, schreienden Bündel Mensch tun sollte. Ich versuche es einmal mit Wiegen. Ich versuche, uns beide zu beruhigen. Vergeblich.

Das Wimmern und Schreien trifft mich tief, tut weh. Voller Abwehr ist der kleine Körper. Die Frau des Rechtsanwaltes nimmt das Baby zurück, wiegt es sanft und spricht leise und zärtlich die für mich unvergesslichen Worte: „Que lloras, chicedita?" – „Warum weinst du, Kleines?"

Gleich mitnehmen sollte ich unser Kind. Darauf war ich nicht gefasst. Ich dachte, Felicitas bleibt bis zur Adoption in der Obhut der Pflegefamilie. Ich hätte diese peruanische Familie gerne kennengelernt, um meine brennenden Fragen beantwortet zu bekommen. Doch dies schien unmöglich zu sein.

Von einer Sekunde zur anderen war ich Mutter geworden. Von jetzt auf gleich ohne Vorbereitung und Information und weit und breit niemand, der da war, den ich fragen konnte, der mir zuhört, mich versteht. Ich fühlte mich mutterseelenallein auf dieser großen weiten Welt. Und ich war überdreht, todmüde und hatte keine praktische Erfahrung mit einem Baby. Und dann der ganze Adoptionsstress, die Ämter und Millionen ungeklärter Fragen! Da stehe ich nun, halte unser Kind im Arm. Müde und hilflos schaue ich sie an. Meine Kraft scheint aufgebraucht zu sein. Ich habe noch immer das Gefühl: „Das ist alles nicht wahr."

Dann spüre ich wieder hautnah die Abwehr meines Kindes, höre das ängstliche, laute, hilflose Klagen und Wimmern, spüre die Wärme, atme den Babygeruch. Und da fühle, spüre, erahne ich es. Es ist, als ob irgendetwas gesprengt wird, und mir fällt der Froschkönig ein, als das Band des treuen Heinrichs gesprengt wurde. Ein Rauschen durchströmte mich, als ob alle Wellen der Meere über mir zusammenschlügen und mich in unendliche Tiefen rissen. Und dann wusste ich es: „Das ist unser Kind. Es gehört zu mir. Es gehört zu uns. Es ist unser Kind und keine Macht der Welt hat das Recht, das je zu ändern. Dafür will ich leben und kämpfen."

In diesen Sekunden wurde unser Kind geboren.

Die abendliche Fahrt im Taxi ging mit dem Baby und Koffer zur Pension Alemana. Dort war ich zwar angemeldet, aber man ist überrascht und erstaunt, dass wir zu zweit sind.

Auf ein Baby war man nicht vorbereitet. Man erklärte mir, dass normalerweise bis zum Adoptionsbeschluss das Kind in der Pflegefamilie bliebe, denn der Marsch durch die Ämter sei nervenaufreibend. Also schnell ein Kinderbett organisieren, Milchpulver und Windeln in der nahen Apotheke einkaufen. Koffer auspacken. Ich bin angekommen.

Im Koffer stecken die Bücher über Kinderpflege. Hätte ich sie bloß im Flugzeug studiert! Dazu ist nun keine Zeit mehr. Die Wirklichkeit hat mich eingeholt, nein, überholt.

Dann sind wir zwei allein. Die ersten unsicheren Schritte auf dem spiegelglatten Parkett der Säuglingspflege stehen mir bevor. Als wenig später das Milchfläschchen mit glucksendem Geräusch das Ohr von Felicitas erreicht, öffnet sie die Augen.

Pechschwarz und groß schauen sie mich verwirrt, traurig, fast hilflos an. Eine große steile Falte gräbt sich tief zwischen den Augenbrauen ein. Was fühlt so ein kleines Wesen wohl?

„Schon wieder jemand Fremdes? Wie sieht denn diese Frau aus? Wo ist meine Mutter? Warum spricht die fremde Frau so komische Wörter und warum kann ich sie nicht verstehen?“, lese ich in ihren Augen. „Du hast recht“, versuche ich unser Kind zu beruhigen. „Du hast ja so recht und ich kann dir das nicht erklären. Noch nicht. Ich bin aber entschlossen, liebe kleine Tochter, fest entschlossen, dich zu erobern und deine Mutter zu werden.“

Dieser gegenseitige Eroberungskampf sollte dann Wochen dauern.

23:45 UHR

Und wie jede Mutter der Welt wickle ich mein Kind aus. Gott sei Dank, alles ist dran, alles ist da, wo es hingehört. Alles ist in Ordnung. Der Po ist wund, der Durchfall beunruhigend, der Bauch hart und aufgebläht. Unsere erste gemeinsame Nacht in einem einfachen Zimmer mit zwei braunen, altertümlich wirkenden Betten, einem kleinen Holzschrank, einem Stuhl und einem wackeligen Holztisch, das Kinderbett mit einer nicht ganz sauberen Matratze. Das kleine Waschbecken gibt nur eiskaltes Wasser her. Aber was braucht der Mensch mehr, um zufrieden zu sein.

LIMA AM DIENSTAG, 19. AUGUST 1980

LIMAS VERLORENE KINDER

Überall ist man hilfsbereit und der Rechtsanwalt begleitet mich. Er spricht zwar kein Deutsch, aber ich wette, er versteht mich gut. Mein Spanisch findet er amüsant, aber ich erfahre dann doch so nach und nach einiges aus den vergangenen Wochen. Wally, meine Übersetzerin, ist an meiner Seite. Sie klärt mich über die rechtlichen Schritte und das Adoptionsverfahren auf. Ein Segen, dass es die beiden gibt. Alleine wäre das nicht zu bewältigen gewesen.

Ich erfahre viel über die Kinder in Peru, Kinder wie Felicitas. Wally erzählt mir, wie es diesen Kindern wie unserer kleinen Felicitas ergeht: „Die schwächsten Glieder, die Kinder verlieren ihre Kindheit. Tausende sterben jedes Jahr vor Hunger und an der Brutalität auf der Straße. Frauen und Kinder haben nach dem lateinamerikanischen Gesetz noch immer einen geringeren Wert als Männer. Und Mädchen gleich gar keinen. Obwohl die Kinderarbeit verboten ist, werden Kinder als Billigarbeitskräfte oder Arbeiter zum Nulltarif millionenfach ausgebeutet. Was helfen da ratifizierte nationale Kinderrechte? Kinderarbeit rund um die Uhr."

„Und was ist mit den Vätern?", frage ich Wally. Sie erzählt mir, dass viele Väter ihre Familien einfach verlassen, sie im Stich lassen und neue Familien gründen. Es gibt neue Konflikte, neues Überleben in den Callampas, es werden neue Kinder in die Welt gesetzt. Ein Teufelskreis.

„Alle Versuche, irgendwo eine Arbeit zu finden, gehen ins Leere. Die arbeitslosen Männer setzen ihr Kleingeld in Alkohol um, sie lassen ihre Wut an Frauen und Kindern aus. Es wird geprügelt und unter Alkoholeinfluss werden nicht nur die Kinder halb totgeschlagen. Die Schreie der misshandelten Frauen und Kinder stören niemanden. Es ist an der Tagesordnung, niemand kümmert sich darum." „Aber Wally, was sagt die Kirche dazu? Peru ist doch katholisch!" Wally schweigt erst, schaut mich an und fragt zurück: „Sind Sie katholisch?" „Nein", antworte ich.

Kinderreichtum bringt Segen. Der Papst verbietet die Pille und die Bevölkerungsexplosion ist nicht mehr zu stoppen. Und wohin mit den vielen Kindern? Als „Ninos abandonades" werden sie ausgesetzt als „Bastarde von geringem menschlichen Wert".

Wir schweigen beide betroffen und berührt. Wally sieht, wie es in mir arbeitet. „Und, wenn die Familie oder die alleinerziehende Mutter die Kinder nicht mehr ernähren kann, werden sie an reiche Leute verkauft, an Patrones verliehen, an dritte Personen weitergereicht oder ausgesetzt. Schon Dreijährige werden der Straße überlassen und niemand kümmert sich um diese Kinder."

Ich schaue in die Babytragetasche und wage mir nicht vorzustellen, was aus unserem Kind geworden wäre. „Mütter wie Maxima Rosario arbeiten bis zu fünfzehn Stunden täglich, sieben Tage in der Woche, um sich und ihre Kinder zu ernähren. Dabei sind die Kinder sich selbst überlassen und auf die Abfälle in Mülleimern und auf den Müllhalden angewiesen. Das bisschen Geld reicht weder für eine Schuluniform, geschweige denn das zu bezahlende Schulgeld oder Schulmaterial. Es geht um einen täglichen Überlebenskampf schon bei den Allerkleinsten. Was die Kinder verdienen liefern sie zu Hause ab und tragen eine große Verantwortung für die Familie, ja sie ernähren diese mit."

Das muss ich nun erst verdauen. Natürlich habe ich darüber gelesen, aber es ist etwas völlig anderes, wenn man dies nun hautnah erlebt.

„Wally, was weißt du über das Schicksal von Felicitas?", frage ich bedrückt und leise. „Ich kann Ihnen nur den Normalfall schildern, der sicher auch auf Ihre kleine Tochter übertragbar ist. Der Mann wird zugeschlagen haben, wenn die Geschwister zu wenig verdienten und eines Tages war er verschwunden. Diese trostlose Situation ist für viele Kinder nicht mehr ertragbar. Sie ziehen die Konsequenzen, verlassen die Familie und versuchen, auf der Straße zu überleben. Die Buben bilden Kinderbanden als „niños de la calle", Kinder der Straße. Das ist ihre neue Familie und gemeinsam können sie überleben."

Wally schweigt, sie sieht, dass ich dies erst begreifen muss. „Und was wird aus den Mädchen?", frage ich weiter. „Die Mädchen? Sie kommen gleich nach den streunenden Hunden. Sie werden verachtet, ausgebeutet und dienen als Sexobjekt zum Ausprobieren. Auch die Patrones und deren Söhne sehen Mädchen als Freiwild an und sie dienen dazu, erste Erfahrungen zu sammeln. Verhafteten Kindern geht es genauso. Es wird Jagd auf diese Kinder gemacht, sie werden erschossen. Einfach so.

Hunde und Kinder sind das letzte Glied in der Kette dieser Gesellschaft aus Unterdrückern und unterdrückten, mit Gewalt und Gegengewalt, in einer Umwelt von Brutalität und Überlebenskampf, in der sie irgendwie leben müssen. Und das ist so seit der Eroberung durch die Spanier."

Diese Berichte und Eindrücke lassen mich nicht mehr los. Aufmerksam schaue ich durch das Taxifenster, wenn ich in Lima unterwegs bin. Plötzlich entdecke ich in den Gesichtern dieser vorbeiziehenden Kinder unsere kleine Tochter. Dann bin ich ungeheuer froh und erleichtert, dass unser Kind niemals einen solchen Lebensweg beschreiten muss.

LIMA AM DONNERSTAG, 21. AUGUST 1980

PRÜFUNG

Mit fehlen nicht nur die Stunden des Zeitunterschiedes, sondern auch die realen Nachtstunden.

Felicitas schreit im Zweistundenrhythmus und wehrt sich gegen meine Fremdheit. Das Zimmer ist kalt und fühlt sich klamm an. Ich versuche einzunicken. Aber unsere Tochter hat andere Pläne. Ob sie mich prüfen möchte, ob ich eine geduldige, liebevolle Mutter abgebe? Sobald ich mit ihr im Zimmer auf und ab gehe, sie wiege und zärtlich: „Que lloras, chicedita" summe, bleiben die Augen geschlossen. Das friedlichste Baby der Welt.

Lege ich die Kleine ins Bett: Lauthalses Protestgeschrei. Mein Gott, ich wusste nicht, dass so ein kleiner Wicht so ausdauernd und laut schreien kann. Dieses Stimmvolumen hat ihr im Waisenhaus das Leben gerettet. Nun muss die Kleine das Gefühl haben, dieser Aufenthalt bei mir sei lebensbedrohend. Und da gibt es nur ein Erfolg versprechendes, sehr wirksames Mittel, das die nötige Aufmerksamkeit nach sich zieht. Das Rezept: verzweifeltes, markerschütterndes Schreien mitten in der Nacht. Also raus aus dem klammen Bett, wiegen, schaukeln, summen.

Völlig zerschlagen beginnt wieder ein neuer Tag. Mit dem Taxi begleitet mich der Rechtsanwalt zur Polizei, zum Passamt, zum Gericht – immer mit dem Baby.

Nie hätte ich gedacht, dass Mutter werden so schwierig sein könnte. Anklagend sinniere ich darüber, dass man für alles eine Ausbildung oder Lehre benötigt, nur nicht für die Rolle der Mutter.

Kopfüber stolpert man in das Abenteuer, von dem niemand weiß, wie er es überstehen wird und was am Ende dabei herauskommt.

Dann wird mir der Pass für Felicitas ausgehändigt. Ich halte strahlend das erste Dokument in der Hand mit ihrem Namen. Nun kann ich es schwarz auf weiß lesen: „Felicitas Mariella Klink". Registriert, beglaubigt, abgestempelt. Unsere Tochter. Nun die Geburtsurkunde beantragen, denn das kleine Wesen existiert laut Standesamt Lima noch immer nicht.

Der Durchfall wird beängstigend schlimm. Ich gerate fast in Panik. In der Pension Alemana ist noch ein Adoptiveltern-Paar und als ich höre, dass der kleine Junge am Tage der Ausreise starb, erfasst mich entsetzliche Angst. Nur noch ein Gedanke hämmert im Gehirn: „Nach Hause fliegen so schnell als möglich."

Wally kennt einen chinesischen Arzt. Nichts wie hin. Es ist ein freundlicher, kleiner Chinese in einer winzigen, chaotisch wirkenden kleinen Apotheke, einer Farmacia, und er ist umringt von einer Heerschar Kinder. Er untersucht die Kleine lange und genau, geht in seine Miniapotheke, mixt Kräuter zusammen und kommt mit einem geheimnisvollen, kleinen braunen Fläschchen zurück. „Lauter Heilkräuter, Señora. Das Baby wird gesund werden."

Und wieder zu den Ämtern. Die Papiere vermehren sich auf wundersame Weise. Stempel aller Art zieren sie.

Felicitas geht es besser, nur möchte sie keine Minute allein gelassen werden. Nachts gönnt sie mir eine Mütze voll Schlaf.

Ich bin dankbar. Aber ständig möchte sie getragen werden, bitteschön aber nur bäuchlings. Entferne ich mich nur, um auf die Toilette zu gehen, steckt sie ihre unsichtbaren seismografischen Fühler aus und registriert blitzschnell, dass eventuell Gefahr im Verzug sein könnte.

Jetzt kann ich auch mit den anderen Gästen in der Pension Kontakt aufnehmen. Seit zwei Wochen ist auch ein Arztehepaar unter den Gästen. Endlich haben sie ein Waisenhaus gefunden, das bei der Adoption vermitteln kann. Abends treffe ich sie überglücklich mit einem kleinen Jungen, der ausreisen darf, weil jemand bei Gericht bestätigt hat, dass das Kind weder gestohlen noch abgekauft wurde. Denn ohne amtliche Zeugen wird keine Ausreise genehmigt.

Der kleine Junge wiegt ganze 2.100 Gramm. Winzig klein, verschrumpelte dünne Beinchen, blutender Nabel und mit einem Ausschlag übersät. Was das Ehepaar berichtet, schnürt mir die Kehle zu. „Unser Kind lag bis zum Hals eingepackt wie ein Paket in einer Reihe von Kindern auf einer Pritsche. Plastiktüten waren über den Körper gezogen und wurden anscheinend nicht allzu oft geöffnet. Da lagen Säuglinge, die vom Urin und Kot angefault waren. Kindern fehlten Teile des Ohres oder sie hatten riesengroße Geschwüre und Furunkel, weil sie stundenlang in Erbrochenem lagen und ihre kleinen geschwächten Körper von Säuren angefressen wurden.“

Wenn ich da unser Kind anschaue, gesund, gut herausgefüttert, mit leichtem Doppelkinn und strammen Beinchen. Keine Krätze, kein Mundpilz und kein lebensbedrohendes Untergewicht.

Ich habe Hemmungen, als das Arztehepaar neugierig in die Tragetasche schaut und leise bete ich, dass der kleine Junge die erlittene Tortur überleben möge.

Delhia, eine Hausangestellte, nimmt mich in den Arm und tröstet mich: „Die Pachamama wird ihm das Leben geben.“ Der Rechtsanwalt arbeitet rasch, ruhig, zuverlässig, freundlich und geduldig. Er setzt alle Hebel in Bewegung, dass die vierzehn Tage des vorgesehenen Aufenthaltes verkürzt werden. Seine

Beziehungen sind enorm. Und Wally ist unser guter, beschützender Engel. „Que linda, la chicedita" (wie hübsch die Kleine ist) höre ich genauso wie die Feststellung, dass dies kein echtes peruanisches Kind sein könne, denn peruanische Kinder schreien nicht.

Dann steh ich am geöffneten Fenster, müde und abgekämpft, aber bis zu den Zehenspitzen glücklich. Meine Gedanken eilen nach Deutschland. Was wird der frischgebackene Vater zu so einer prächtigen Tochter sagen? „Er wird dich einfach lieben."
„Nun gute Nacht. Gott möge uns beschützen und aus uns dreien eine glückliche Familie machen", flüstere ich leise. „Und später einmal, wenn du groß bist, werden wir gemeinsam nach Peru zurückkommen. Wir werden dir zeigen, woher du kommst und hoffen, dass du auf dein Land und seine Kultur stolz bist. Ich verspreche dir, dass wir alles unternehmen werden, damit wir deinem Geburtsland verbunden bleiben", raune ich Felicitas zu, die mich mit ihren großen Augen unverwandt anblickt, so, als könnte sie mich verstehen. „Und vielleicht gelingt es sogar noch ein Geschwister zu bekommen", schiebe ich flüstern hinterher. „Aber erst einmal müssen wir den Beweis antreten, dass wir brauchbare Eltern sind. Das scheint gar nicht so einfach zu sein. Wir wollen uns aber ganz fest anstrengen. Gute Nacht, mein Kleines. Auf deine Zukunft. Gute Nacht „Papa" im fernen Deutschland. Glück möge uns leiten und begleiten." Behutsam schließe ich das Fenster. Es sollte die erste Nacht werden, in der wir beide genügend Schlaf erhalten.

Eine Weltstadt. Fassungslos nach deutschen Vorstellungen quirlt der Verkehr chaotisch wie in einem Ameisenhaufen durcheinander. Beidseitig wird überholt, gebremst, gehupt, gerufen, gestikuliert und mit der Hand ein Zeichen zum Abbiegen vollführt. Unfassbar für einen Europäer, am liebsten würde ich die Augen vor diesem Verkehrsalbtraum schließen. Doch das Knäuel aus Autos, Bussen, Karren entwirrt sich wie durch Zauberhand. Und die Autos? Dass die überhaupt noch rollen! Ganze Autoteile wie Kotflügel oder Motorhaube fehlen.

Das Stadtzentrum bietet Prachtbauten aus vergangenen Zeiten, aber auch Hochhäuser, ein modernes Geschäftszentrum, wunderschöne Kathedralen und Standbilder der spanischen Eroberer Pizarro und San Martin.

Das Außenministerium mit seiner goldbehelmten Palastwache bietet ein unwirkliches Bild zur Wirklichkeit. Obdachlose, bettelnde Kinder, die von der Polizei verjagt und auch gejagt werden, um das Image einer Touristenattraktion nicht zu stören. Daneben der Justizpalast, in dem unsere Adoption auf den gerichtlichen Weg gebracht wurde. Als ich selbst davorstehe, klopft mein Herz bis zum Hals.

Und dann das rauschende Meer. Meine Fußabdrücke im feuchten, hellgelben Sand werden durch die anrollenden Wellen verwischt. Der Sand ist wieder glatt, unberührt, obwohl er zuvor durch meine Spuren im Sand eine Geschichte hätte erzählen können. Ein symbolischer Neubeginn für den Sandstrand – und für uns beide.

Der Limahimmel ist grau. Zehn Grad Wärme zur Mittagszeit. Nachts rutscht die Temperatur unter fünf Grad. Der Limadunst hockt wie eine Glucke über der Millionenstadt. Breite Straßen in die Innenstadt, dann zweigen sie abrupt in gelbbraune, staubige Pisten ab. Hier nun ineinander geschachtelte Hütten und Häuser. Schmutzig, verwahrlost, arm.

An den Straßenrändern kauern „fliegende" Händler mit ihren fahrbaren Bauchläden, Karren und kleinsten Garküchen. Kinder bieten Schuhputzdienste an. Steht das Auto an der Ampel, sind wie aus dem Nichts Buben mit Lappen und Eimer zur Stelle, um das Vehikel zu putzen. Der einzige Verdienst vieler Straßenkinder.

Die Pension Alemana liegt im gut betuchten Stadtteil Miraflores mit vielen Privatschulen und Botschaften. Das lang gestreckte, niedrige, hellgelbe Gebäude ist mein Zufluchtsort.

Gegenüber liegt eine Schule, vom Fenster aus kann ich hineinblicken. In drei Schichten wird unterrichtet. Die Schule beginnt um sieben Uhr und die letzten Schüler verlassen um 21:30 Uhr das Gebäude. Hier werden Kinder, deren Eltern gerade noch das Schulgeld und die obligatorische dunkelblau-graue Schuluniform bestreiten können, unterrichtet. Abends besuchen die Armen dann die Schule.

Reichere Kinder gehen auf die Privatschulen. Diese sind natürlich streng bewacht und sehr teuer. Kontakte zu den niedrigeren Schichten werden unterbunden.

Die ganz Armen in den Barrias oder Callampas gehen leer aus, wenn nicht Ordensschwestern und sozial engagierte Menschen hier Hilfe zum Überleben ermöglichen. Lima soll, so sagte mir der Anwalt, etwa fünf Millionen dieser Menschen beherbergen. Da es keine Registratur gibt, sind die Zahlen dazu unterschiedlich und geschätzt.

Um Lima liegen die Elendsviertel der Stadt. Die Hütten kriechen die kahlen gelbbraunen Hügel hinauf, zuerst entdecke ich noch einfache Behausungen, dann winzige Hütten. Oft ohne Dach, denn in Lima regnet es nicht allzu oft. Keine zehn Quadratmeter groß für acht bis zehn Menschen. Alles wirkt auf mich grau, trostlos, tot. Die Straße besteht nur noch aus Schlaglöchern. Der fahrbare Untersatz scheint eine Grundausbildung als fliegender Teppich erhalten zu haben. Die Fahrkünste des Fahrers erscheinen mir märchenhaft und fantastisch. In Deutschland wäre dies eher eine Tortur, ein Albtraum. Viele entgegenkommende

Fahrzeuge sind museumsreif. Sie rattern, knattern, prusten, stöhnen und schnauben vorbei. Unglaublich, dass diese Dinger noch fahren. Mit glatten, profillosen Reifen und fehlenden Autoteilen gehören sie zum Normalbild und erstaunen nur noch Ausländer wie mich. Bleibt ein Fahrzeug liegen, dienen einige Steinbrocken zur Absicherung. Schiefe überladene Busse und Laster schießen die abschüssigen Bergstraßen hinunter – beängstigend und lebensgefährlich.

Doch der Taxifahrer nimmt es gelassen. Er scheint sich über meine „Ängste" zu amüsieren. Er nimmt die Fahrt mit Humor und kann meine Bedenken und Fragen nicht nachvollziehen.

Außerhalb von Lima werden die kahlen Berge immer fantastischer, sie leuchten in allen rot-braun-violetten Tönen. Hier oben ist die Luft klar, der Lima-Smog liegt weit unten.

Bergwerke mit verkommenen Hütten ducken sich ängstlich und schamhaft an die Berghänge und in die Bergnischen. Ab und zu hängt eine malerische weiße Wolke zwischen den Bergeinschnitten. Und irgendwo da oben, auf dem Altiplano in über 3.000 m Höhe lebt Maxima Rosarios Familie, die Mutter unserer kleinen Tochter. Dort, wo das Land Peru menschenfeindlich, abweisend gegen alles Lebendige erscheint.

Der Taxifahrer erzählt mir: „Señora, hier werden zu viele Kinder geboren. Das Land kann sie nicht ernähren. Das Geld reicht nicht für Milchpulver. Das ist für Indios unerschwinglich teuer. Die Mütter haben zu wenig Milch. Nachts ist es auf dem Altiplano sehr kalt. Durch die Unwissenheit der Mütter gibt es viele Fehlgeburten. Sie haben keine wirklich wärmenden Decken und die Menschen bekommen eine Lungenentzündung. Ein Teufelskreis. Eine rettende Busfahrt nach Lima ist unerschwinglich. Und wie viele Kinder geboren werden, weiß keiner. Weil du arm bist, musst du sterben. Señora, eine bittere Wirklichkeit."

Ich bin froh, dorthin gefahren zu sein, wo unser Kind seine Wurzeln hat, aber auch sehr betroffen.

LIMA, FREITAG, DER 22. AUGUST 1980

DAS AUSSENMINISTERIUM GENEHMIGT DIE AUSREISE

Früh am Morgen: Hurra, alle Papiere sind komplett da. Die Unterschrift des Präsidenten des Obersten Gerichtes in Lima prangt auf dem Schreiben.

Am 07. Oktober 1980 beglaubigt die deutsche Botschaft in Lima die Unterschriften des öffentlichen Notars, des Richters und des peruanischen Außenministeriums.

Mit Wally sofort zum Reisebüro. Mein Rückflug kann nicht umgebucht werden. „Ferienzeit, Señora, alle Flüge nach Europa sind ausgebucht." Aber Wally kennt die Peruaner. Sie redet, schäkert, interessiert sich für das Büro, lässt sich die Geräte erklären. Stunden vergehen. „Señora, Sie müssen noch eine Woche in Lima bleiben, tut uns leid", sagt man mir unverblümt. Aber da hat Felicitas die rettende Idee. Sie wacht auf und beginnt ein zu Herzen gehendes Heulkonzert, das dann allen ziemlich auf die Nerven gehen sollte. Inzwischen ist es Nachmittag. Wally schiebt dem leitenden Angestellten heimlich eine Dollarnote zu. Unvermittelt werden wir verabschiedet.

Lima ist an diesem Freitag für mich nichts anderes als Büro, Schwierigkeiten und ein schreiendes Bündel Kind. Felicitas weint, schreit, sie hat Schmerzen. Ich bin einfach fertig und weiß mir nicht mehr zu helfen. Da sitze ich nun, das Baby weint lauthals, ich presse unsere kleine Tochter an mich, weine wie sie, nur lautlos, leise, aber genau so verzweifelt. Ich bin unendlich traurig, unglücklich, hungrig, nahe daran, einfach aufzugeben.

Ich will nicht mehr. Ich kann nicht mehr. Ein Gefühl des Wegschleichens beschleicht mich. Weglaufen wollen? Ich schäme mich. Wegen dieses kleinen Problems? Welche großen Probleme werden noch auf uns zukommen? Später einmal eine Lehrstelle für sie finden? Ihre erste Liebe als Indiomädchen. Vieles geht mir durch den Kopf. Na, dann werde ich auch dies hier meistern. Die Beschäftigung mit der fernen Zukunft hat mich erfrischt, gestärkt, zuversichtlich gestimmt und wachgerüttelt wie ein kühles Bad.

Am späten Abend: „Señora Klink, Telefon." Ich laufe zum Telefon. „Señora Klink, morgen fliegen Sie mit dem Baby zurück. Ihr Flug ist bestätigt", lässt mich die Fluggesellschaft wissen. Vorsichtshalber wiederhole ich mit meinem nicht astreinen Spanisch diese freudige Botschaft. Und sie wird nochmals bestätigt „Hasta mañana" – „bis morgen" Morgen, jubelt es in mir.

Und dann überfällt mich eine unendlich große Sehnsucht nach zu Hause, nach Siegfried, nach seiner Ruhe, seiner Liebe, seiner Nähe, seiner Geborgenheit.

Noch lange liege ich wach. Felicitas schläft ruhig und ich sollte es auch tun. Manchmal schreckt sie auf und zuckt im Schlaf immer wieder zusammen, schreit kurz und entsetzt auf. Was mag in ihr vorgehen? Was hat sie in den ersten Wochen ihres erst beginnenden Erdendaseins erdulden müssen? Wenn ich ihr bloß helfen könnte. Es ist so schrecklich, so allein, so hilflos mitten in der Nacht diesen unruhigen Schlaf unseres Wunschkindes zu beobachten. „Ach, wenn ich dir nur zeigen könnte, wie sehr wir uns nach dir gesehnt haben, wie lange wir auf dich warten mussten, wie sehr wir dich lieben", raune ich ihr leise mit stockender Stimme zu. Und in diesem Augenblick am Ende der Welt fühle ich mich unfähig, dies meinem Kind zu vermitteln.

Ich denke darüber nach wie unsinnig es ist, dass ein Indiomann stolz seine Männlichkeit dran misst, wie viele Kinder er gezeugt hat. Wie unsinnig es ist, dass ein ausgesetztes Kind nur dann ausreisen darf, wenn die leibliche Mutter oder ein Verwandter in mehreren Gerichtsverhandlungen das Kind frei gibt. Wie unsinnig es ist, dass Straßenkinder ohne Identitätsnachweis keine Chance haben. Wie unsinnig es ist, dass eine Minderheit der Menschheit in unermesslichem Reichtum und ein Großteil in bitterer Armut lebt – weltweit.

Ich möchte diese Ungerechtigkeit hinausschreien und gegen das Unrecht an den Kindern protestieren. Ich möchte etwas gegen das Leid der Kinder dieser Welt tun. Ich denke daran, wie unsinnig es ist, dass der Papst Verhütungsmittel strikt ablehnt, aber erlaubt, dass Tausende Frauen bei Abtreibungspfuschern landen und nicht nur das Ungeborene dabei sein Leben verliert.

Unendlich dankbar bin ich, einem Kind diesen Weg ersparen zu können, auch wenn ich weiß, dass es nur ein winziger Tropfen auf einem heißen Stein ist. „Aber ist es nicht besser, ein kleines Licht in der großen Finsternis zu entzünden als nur die Dunkelheit zu beklagen?"

Mit unendlicher Dankbarkeit und großer Bitterkeit denke ich an Maxima Rosaria, die ich nicht kennenlernen durfte. Ich kenne nur ihren Namen in einer namenlosen Welt der Elendsviertel, die wie Pilze aus dem Boden schießen und Lima umschließen oder sogar einschließen. Ich weiß, dass sie ihre Hütte innerhalb eines Tages im Niemandsland errichtet hat und damit Bleiberecht erhielt.

Was muss sie fühlen für ihre sechs noch lebenden Kinder? Wie kann sie ihr gemeinsames Überleben organisieren? Was ging in ihr vor, als sie ihr Baby aussetzte, zurückholte und dann doch noch im Waisenhaus abgab? Und was empfand sie in dem Augenblick, als sie erfuhr, dass ihre kleine Tochter in ein fremdes Land fliegen wird, dessen Name sie noch nie gehört hatte?

Maxima Rosario hatte Fotos von uns und unserer Wohnung bei Gericht gesehen. Sie weiß, dass wir weißen Gringos ihr Kind mitnehmen werden. Sie weiß, dass wir ihr Kind dort weder verkaufen noch arbeiten lassen. Sie kann es sich nicht vorstellen, dass ihr Kind unser Kind werden wird und in Geborgenheit mit genug zum Essen und einem eigenen Zimmer groß wird, so wie sie es bei ihrem Patron und der Señora erlebt.

Am Ende der Gerichtsverhandlungen bei der letzten Unterschrift sagte sie „Que grande suerte tiene mi chica" „Welch großes Glück hat mein Kind", berichtete mir der Rechtsanwalt.

Glück. Hoffentlich. Im Augenblick bin ich glücklich, das Kind zu haben. Ich bin unendlich dankbar, dass wir die Kleine als Geschenk des Himmels erhielten und dankbar einer unbekannten Indiofrau aus den peruanischen Bergen, die ihr das Leben geschenkt hat.

Und ich verspreche auch in dieser Nacht, dass ich all die Ereignisse und auch den zukünftigen Lebenslauf in einem Tagebuch festhalten werde. Und ich verspreche, dass wir als Eltern alles tun werden, damit unsere Tochter stolz auf ihr wunderbares Land, ihre Vorfahren, ihre Wurzeln sein kann. Und ich verspreche, alles zu tun, das Geburtsland unserer Tochter eines Tages mit einem Perubesuch zu festigen und lebendig zu erhalten. Unser Kind soll ein deutsches Kind sein, aber ein Kind, das sein Geburtsland nicht verleugnet, sondern zu ihm steht.

Ich sitze da, bewache unser Kind und denke über das Leben nach. Ich fühle, wie ich ganz vorsichtig von dem kleinen Wesen akzeptiert werde und Mutter sein darf. Und ich glaube zu spüren, dass sie auch mich adoptiert hat. Und morgen fliegen wir heim. Ich bin froh und erleichtert.

VERSPRECHEN EINGELÖST

Aus heutiger Sicht habe ich alle Versprechen nach und nach eingelöst. Das Tagebuch wurde zum 18. Geburtstag abgeschlossen und gemeinsam waren wir sechs Jahre nach der Adoption in Peru. Zwölf Jahre später habe ich dann aus unendlich vielen Unterlagen, Dokumenten und Fotos das Adoptionsbuch aktualisiert und werde das „Buch" Felicitas zum dreißigsten Geburtstag überreichen. Ich weiß, unser Kind ist ein Glückskind, denn wer besitzt schon zwei Mütter, zwei Heimatländer und wird zweimal im Jahr Geburtstag (nach Pass und Ankunft) feiern dürfen?

LIMA AM SAMSTAG, DEN 23. AUGUST 1980

EIN KIND FÜR FÜNF DOLLAR?

Alles ist gepackt. Die Rechnungen sind beglichen. In Gedanken fliege ich schon nach Hause. Was wohl der „Papa" zu seiner kleinen Tochter sagen wird? Ich glaube, er wird sie sofort in sein Herz schließen, man muss sie einfach lieben, von ganzem Herzen.

Eltern zu sein ist kein leichtes Unterfangen, sogar ziemlich schwer – aber sicher das Schönste auf unserer Erde. Und hiermit gebe ich das feierliche Versprechen ab, dass wir uns große Mühe geben werden und keine Anstrengung zu viel sein wird, unserem Kind gute Eltern zu sein.

Der frischgebackene Vater nahm unsere vorzeitige Rückreise glückstrahlend per Telefon entgegen. Georg, der Funker, würde dann unseren wirklichen Abflug bestätigen, sobald wir über Lima schweben.

Mit Wally und der Tochter auf dem Arm fahren wir den langen Weg dieser Adoption noch einmal mit dem Auto ab. Erinnerungsfotos. Herzklopfen. Zum Schluss hinunter an den brausenden, schäumenden Pazifischen Ozean. Dann wird es Zeit zum Flughafen zu fahren.

Alle Dokumente übergeben, sie werden lange und gründlich überprüft. Weiter zum Zoll, Ausreisezoll für Felicitas über 35 US Dollar entrichten. Nächste Station zu Señor Perry, der den Pass von Felicitas, den Gerichtsbeschluss und das Ticket entgegennimmt und verschwindet. Hoffentlich sind alle Stempel gut lesbar. Alles ist in Ordnung.

Am Avianca-Schalter den Koffer abgeben, noch kleine Abschiedsgeschenke einkaufen. Es bleibt noch etwas Zeit, auch innerlich Abschied zu nehmen.

Doch plötzlich steuert eine Indiofrau mit weit schwingenden Röcken auf mich zu. Sie trägt auf dem Rücken ein buntes gewebtes Tuch. Wieselflink nimmt sie das Tuch ab, wickelt es auf und streckt mir etwas entgegen. Was sich sehe, lässt mich entsetzt zurückweichen: Ein halb verhungertes, mit Geschwüren übersätes Baby schaut mich mit stumpfem Blick an. „Señora, fünf Dollar, nur fünf Dollar für das Kind." Wie versteinert öffne ich den Geldbeutel und stecke der Indiofrau die Dollarnote entgegen. Wally ist plötzlich an meiner Seite, sie redet auf die Frau ein. Das Kind wird eingewickelt, sie bindet es sich wieselflink auf den Rücken. Die ganze Szene dauerte nur Sekunden. Im Weglaufen ruft sie mir noch einen Segenswunsch zu, dann hat die Menschenmenge sie verschluckt. Sie war aus dem Nichts aufgetaucht und wurde vom Nichts verschluckt. Die Polizei hat mich fast erreicht und dreht ab.

AUF DEM FLUG NACH DEUTSCHLAND

Abschied. Zeit „Auf Wiedersehen" zu sagen. Wird es aber ein Wiedersehen mit Peru geben? Mit Riesenschritten eilt Georg auf uns zu. Eine letzte Umarmung, die strömenden Reisenden schleppen mich mit. Der große Schlund des Vogels, ein Jumbo 747 der spanischen Fluggesellschaft Avianca, verschlingt uns. In einem Wandkörbchen findet Felicitas ihre Ruhe. Dann hebt um 17:00 Uhr der Vogel ab. In mir toben Gefühle der Erleichterung, aber auch der Wehmut und Trauer. Ich bin überglücklich und traurig zugleich.

Der Zwischenfall wenige Minuten zuvor hat mich verunsichert, ich habe fast ein schlechtes Gewissen, fühle mich aus dem Gleichgewicht gebracht. Ich bin glücklich und todtraurig zugleich.

Die Maschine hebt ab. Lima liegt unter uns. Trostlose, gelbbraune Andenberge wälzen sich tief unter uns wie ein Kornfeld. Hin und wieder leuchten die weißen Schneekuppen der Kordilleren mit über 6.000 m herauf. Das Brummen des Fliegers wird gleichmäßig und Felicitas ist eingeschlafen.

In Bogota umsteigen. Ein Mann mit seinem drei Monate alten Adoptivsohn steigt zu. Ich lerne eine Familie kennen, die vor zehn Jahren zwei Kinder aus Kolumbien adoptiert hat: Zwei bildhübsche Mädchen blicken mich auf dem hervorgezogenen Foto strahlend an. Die Mitreisenden wollen die Adoptionsgeschichte hören. Felicitas flirtet aus dem Wandkörbchen heraus mit einem jungen Ehepaar aus Spanien, das neben mir sitzt. Entspannt lehne ich mich zurück.

IRGENDWO ÜBER DEM OZEAN

AM SONNTAG, 24. AUGUST 1980

Die Ruhe, meine Entspannung, das einschläfernde Brummen der Motoren entfalten ihre Wirkung. Felicitas schläft, weint manchmal leise, schaut neugierig mit ihren schwarzen Knopfaugen umher.

Alles, was beängstigend, laut und hektisch war, ist unten auf der Erde zurückgeblieben.

Ich kann nicht richtig schlafen, schrecke immer wieder hoch. Die Anspannung will nicht weichen. Meine Gedanken eilen voraus. Wird sie dem neuen Vater gefallen? Was werden die Nachbarn und die Kollegen in der Schule sagen, wenn wir plötzlich ein Kind haben? Werden die Großeltern sie als Enkelkind annehmen können? Wie reagieren Verwandte und Freunde, wenn sie aus dem Nichts die Geburtsanzeige erhalten? Und welche Schwierigkeiten gilt es wegen der Hautfarbe oder Abstammung einmal in der Liebe und im Beruf zu meistern?

Aus heutiger Sicht waren diese Fragen unnötig und haben sich im wirklichen Leben nicht gestellt.

Jede Minute bringt uns Deutschland näher. In meiner Tasche knistern die Briefe, die ich nach der Landung in Stuttgart einwerfen werde. Noch ahnt niemand etwas von der großen Reise und der glücklichen Adoption. Dieses Mal wollten wir auf Nummer sicher gehen.

MADRID

AM 24. AUGUST 1980

Flirrende Hitze empfängt uns in Madrid. An der Maschine wird irgendetwas repariert. Alle Passagiere harren in der Maschine aus. Eine kostenlose Sauna umhüllt uns. „Es geht gleich weiter", werden wir immer wieder vertröstet. Die Stewardess serviert kalte Getränke und nasse Tücher. Dann erhebt sich endlich der silberne Vogel in den strahlend blauen Sommerhimmel.

PARIS

AM 24. AUGUST 1980

Noch zwei Reiseetappen. Bei der Zwischenlandung in der Stadt der Liebe bleiben wir zwei Eltern mit unseren Glückskindern an Bord. Ein schweres Gewitter hatte das Flugzeug kurz vor Paris erwischt. Der Jumbo wurde geschüttelt, er ächzte und stöhnte. Aber die Maschine hielt sich wacker, zitterte manchmal bis in die Flügelspitzen und legte eine glatte Landung in Paris hin. Zwei Stunden Aufenthalt. Und weiter geht nach Frankfurt. „Bin ich neugierig, was der Papa zu einem so hübschen kleinen Mädchen sagen wird", flüstere ich Felicitas ins Ohr, die neugierig an meiner Schulter mit den Hintermännern flirtet. An „Mama" habe ich mich schon gewöhnt, „Papa" klingt fast noch wie ein Fremdwort.

FRANKFURT

AM 24. AUGUST 1980

Von Paris ging es schnurstracks nach Frankfurt. Dort landen wir mit neunzig Minuten Verspätung. Die Mitpassagiere wünschen uns beiden viel Glück. Passkontrolle, Zoll. Von der „A" Auslandsflugseite zur Inlandabfertigung in „B" laufen.

Ich bin müde und stolz auf uns beide. Einfach unendlich glücklich. Unser sehnlichster Wunsch ist in Erfüllung gegangen. Ich bin maßlos erleichtert und unendlich froh, alle Strapazen gut gemeistert und um dieses Kind gekämpft zu haben. Dabei bin ich um gut vier Kilogramm leichter geworden –, wie das bei einer Geburt so üblich ist.

Die letzte Flugetappe dauert nur dreißig Minuten. Die vertrauten Lichter von Stuttgart blinken auf. Ich bin nervös, angespannt, übermüdet, überglücklich. Wie bei einem Erdbeben, das ich in Chile erlebt hatte, schwankt alles ein wenig.

GELANDET

Es ist 22:30 Uhr. Die Reise ist zu Ende.

Dann stehe ich abermals mit der blauen Babytragtasche in der Halle. Felicitas schläft. Wenige Minuten bis zur ersten Begegnung mit dem Vater. Was fühlt er in diesen Sekunden und Minuten des fast unerträglichen Wartens auf dem Flughafen?

Ich recke und strecke mich. Wir entdecken uns gleichzeitig, fallen uns Sekunden später wortlos in die Arme, wir sind beide erst mal sprachlos vor Glück und unfähig zu sprechen. Worte wären fehl am Platz.

Während ich mich um das Gepäck kümmere, fließt der erste Kontakt wie über eine unsichtbare Brücke. Der frischgebackene Vater steht sekundenlang regungslos da, er hört nichts vom Flugbetrieb. Er beugt sich über die Reisetasche und flüstert ganz leise „Hallo, ich bin dein Papa." Felicitas öffnet die Augen und schaut ihn lange und unverwandt an. Dann ertönt ein klägliches Weinen. Siegfried möchte seine Tochter beruhigen, weiß aber nicht so recht wie, nimmt sie einfach aus der Tasche und wiegt sie hin und her. Das Erste, was ich höre, als ich mit dem Gepäck zurück bin, ist ein begeistertes, leises und scheues „Ist die süß". Vater und Tochter haben sich blitzschnell gegenseitig erobert.

Bevor wir den Flughafen verlassen, plumpsen unsere Geburtsanzeigen ruhestörend in den Briefkasten. Nur ganz wenig Eingeweihte wussten etwas von meiner großen Reise.

Kurz vor Mitternacht sind wir zu Hause. Ein liebevoll eingerichtetes Kinderzimmer und ein großer Blumenstrauß begrüßen uns beide Weltenbummler. Der selbst gebaute Wickeltisch wird umgehend eingeweiht, ehe die kleine Weltreisende in der wunderschönen weißen Wiege mit blauem Himmel dem neuen Tag friedlich entgegen schlummert.

AM 21. SEPTEMBER 1980

ELTERNTEILZEIT

Siegfried lernt, seine kleine Tochter zu füttern, zu wickeln und zu baden. Die kleinen Fäuste sind fest geballt. Die schwarzen Augen blicken ernst. Der erste Arztbesuch: Der Pilz am Popo ist nicht so schlimm, der Durchfall wird behandelt. Allerdings machen mir die großen blauen Flecken am Po und Rücken Sorgen. Der Arzt lacht, als er mein sorgenvolles Gesicht sieht: „Das sind mongolische Flecke, ein Zeichen, dass das Baby ein echtes Indiokind ist. Später werden diese Flecken von alleine verschwinden." Die Babywaage zeigt bei sechzig Zentimeter Größe 5300 Gramm an.

In den ersten Wochen klingt das anklagende Weinen ab, wir hören entzückt die ersten Brabbellaute, entdecken das erste versehentliche Lächeln, das sich nur einen winzigen Augenblick wie ein Dieb in die Mundwinkel schleicht. Die steile Falte zwischen den Augenbrauen wird sanfter. Jeden Besucher mustert Felicitas minutenlang mit undurchdringlichem Indioblick. Jetzt wird die Faust geöffnet und die kleinen braunen Finger werden wie ein Sonnenkranz ausgestreckt. Wir sind der Überzeugung, dass unsere Tochter uns als Eltern nach ausführlicher Prüfung adoptiert hat.

Die Schule hat begonnen. Siegfried ist inzwischen eine perfekte Säuglingsschwester geworden und hat in seinem Betrieb dafür gekämpft, dass er am Vormittag die Betreuung übernimmt und zu Hause bleibt. Sein Chef war mit dieser unvorhergesehenen Situation überrumpelt worden, stimmte aber zu. Auch das Jugendamt genehmigte diese Betreuungsform.

Siegfried wird das erste Lebensjahr seiner Tochter ganz intensiv erleben, sie wachsen sehen, ganz hautnah. Ein ungewöhnlicher Glücksfall für uns alle. Heute ist Elternteilzeit problemlos möglich. Damals aber stieß dieser Wunsch besonders bei Siegfrieds Kollegen, auf Unverständnis und Ablehnung. Die Arbeitskollegen verstehen nicht, wie man auf die Hälfte seines Gehaltes freiwillig verzichten kann, um Hausmann zu spielen und dann noch nicht einmal für ein eigenes Kind, sondern um ein wildfremdes Kind aufzuziehen. Da steht die Betriebswelt Kopf, verständnisloses Kopfschütteln, ständige Sticheleien nisten sich von Anbeginn der Freistellung ein und manifestieren sich. Es wird getuschelt, auch gemobbt und gelästert ohne Ende. Ich bewundere Siegfried, wie er dem allem standhält, obwohl ich sehe, spüre und mit ihm leide, denn diese verächtliche Haltung verletzt ihn.

Aber das Glück, unser Kind wachsen zu sehen, wiegt alle negativen „Äußerungen" auf. Ich weiß, Siegfried ist ein ganz besonderer Mensch und Vater und ich bin sehr stolz auf ihn. Er ist das Beste, was mir je begegnet ist. Wie schön, dass es ihn gibt.

Auch im Nachhinein möchte Siegfried keine Stunde dieses „Vaterjahres" vermissen. Felicitas und er entwickelten ein ganz besonders inniges Vater-Tochter-Verhältnis, das sie auch dreißig Jahre später noch unauslöschlich verbindet.

Nun sollte der Marathon-Hindernislauf auf den deutschen Ämtern beginnen, denn Adoptiveltern sind Eltern zweiten Ranges und haben nicht dieselben Rechte wie leibliche Eltern. Später erwirkte ich beim Petitionsausschuss in Stuttgart eine Gesetzesänderungt: gleiches Recht auch für Adoptiveltern.

AM SONNTAG. 28. SEPTEMBER 1980

AUCH VOR GOTT UNSER KIND

Die einzige Institution, die nicht neue Papiere verlangt und erst auf die deutsche langwierige Adoptionswiederholung pocht, ist die Kirche. Mein Bruder und meine Schwester werden Taufpaten. Unser Pfarrer tauft unseren Sonnenschein in der Nürtinger Stadtkirche. „Fürchte dich nicht. Denn ich habe dich erlöst. Ich habe dich bei deinem Namen gerufen, denn du bist mein, spricht Gott der Herr" (Jes. 43.1) hatte er als Taufspruch ausgewählt. Er umfasst alles.

MITTWOCH 19. NOVEMBER 1980

GRACIAS UND DANKE

Es ist unvergleichlich schön, unser Kind wachsen zu sehen, zu entdecken, wie es sich entwickelt, verändert, hautnah zu spüren und zu erfahren, wie viel Glück es uns schenkt. Wir sind tief dankbar und danken Gott und dem Schicksal, dass es uns zusammengeführt hat. Wir suchten ein Kind und unser Kind suchte Eltern. Wie schön, dass wir zusammen sein dürfen.

Und immer wieder kehren meine Gedanken nach Peru und zu Maxima zurück. Wir sind stolz darauf, dass unser „Glückskind" unser Kind werden konnte, nicht nur äußerlich, sondern ganz tief in unserem Inneren, auch im letzten Winkelchen unseres Herzens. Danke.

JANUAR 1981

ÄMTERSTRESS

Wir spüren, wie viel Glück uns dieses, unser Kind schenkt. Felicitas wurde unser Kind, nicht nur äußerlich, sondern ganz tief in unserem Inneren unserer Herzen. Wir können uns ein Leben ohne ihr glucksendes Lachen, die schwarzen neugierigen Augen, ihre Wärme und Zärtlichkeit einfach nicht mehr vorstellen. Wir spüren, dass sie zu uns gehört wie die Sterne am Himmel, wie die Blumen auf der Wiese und wie die Wassertropfen im Meer.

Die legalisierten Papiere treffen Ende November ein. Auf dem Rathaus können wir die Kleine nun anmelden. Auf dem Standesamt nimmt nun die deutsche Adoption ihren Lauf.

Doch so problemlos sollte dies nicht werden. Das Standesamt ließ uns dann im Januar schriftlich wissen, dass sie die Adoption in Peru nicht anerkenne … „Sie sei für den deutschen Rechtsbereich nicht wirksam, … weil die Mutter eine Einwilligung des Kindes benötigt hätte, in Form eines Pflegers … In der Zustimmung der Mutter könne nicht gleichzeitig die Zustimmung des Kindes gesehen werden."

Das Amtsgericht forderte uns auf, eine weitere Adoptionseinwilligung der Mutter aus Peru vorzulegen, mit ganz brandneuem Datum. Und sie forderte ein komplett neues Verfahren in Lima. Gleichzeitig wurde aber eingeräumt: „… sollte die Mutter nachweislich nicht mehr auffindbar sein, müsse dies vom Gericht in Lima nachgewiesen werden, bis zur obersten Stelle. Mit Stempel und sämtlichen Unterschriften. Bis dahin würde die deutsche Adoption nicht weiterverfolgt und wir hätten ein illegales Kind."

5. FEBRUAR 1981

PFLEGEKIND

Nach fünf Monaten Bearbeitungszeit beim Jugendamt und Kreisjugendamt erhalten wir endlich die Erlaubnis zur „Aufnahme eines Pflegekindes". Ein historisch wichtiges Datum.

KAMPF

MIT EINEM UNGEHEUER

Während wir mit den Ämtern um die Legalisation der Adoption ringen, erwacht auch der Kampfesgeist in Felicitas. Allerdings kämpft sie gegen etwas Profaneres, sie legt sich mit dem Staubsauger an. Der ganze Ämter- und Papierstress lässt unseren Sonnenschein eiskalt. Sie interessiert sich vielmehr für alles, was auf dem Boden liegt. Fast alles verschwindet in ihrem kleinen Mund, wird gekostet und was nicht hineinpasst, wird bekämpft. Neben dem Zeitungsständer, Büchern und dem magischen Telefon wird immer wieder der Staubsauger attackiert.

In Lima hatte mir Wally berichtet, wie ihr Hausmädchen zum ersten Mal eine unheimliche Begegnung mit dem Staubsauger hatte. Als das Ding los brummte und sich magisch durch den Raum bewegte um alles rücksichtslos zu verschlingen, flüchtete sich das Mädchen kreidebleich und schreiend auf einen Stuhl, in der Meinung, das Ungeheuer würde sie ebenfalls in wenigen Augenblicken verschlingen.

Felicitas liebt den Staubsauger über alles und er mutiert zum Kampfobjekt. Zunächst entfaltet sie ihre ganze Kraft und legt sich mit dem Kabel an, sie zerrt, zieht, krabbelt gleichzeitig vor und zurück, robbt sich furchtlos näher und beißt blitzschnell hinein. Triumphierend kräht sie „Aua, aua!“ Dann ist der unheimliche schnurrende und brummende Kerl an der Reihe. Sie rüttelt und schüttelt ihn, versucht über ihn zu robben und das so lange, bis der störrische, widerspenstige Gegner endlich müde wird. Mit stolzer Siegermiene wird der Staubsauger aufs Kreuz gelegt. Schnell sich auf ihn legen und voller Stolz die Hände in die Höhe recken um krähend und brabbelnd das siegreiche Ende des Zweikampfes zu verkünden. Dann beißt sie ihn zur Strafe in das kleine Seitenrad, schlägt mit der flachen Hand klatschend auf den Staubsaugerrumpf ein und krabbelt verächtlich schnaubend von dem Schwächling weg.

Natürlich behält sie das Ungeheuer im Auge und rüstet sich nach einer kleinen Verschnaufpause zum erneuten Gefecht, sollte er sich noch ein einziges Mal regen oder bewegen.

MAI 1981

ADOPTION IN DEUTSCHLAND WIRD ABGELEHNT

Gespräche, Telefonate, Briefe zwischen Standesamt, Amtsgericht, Jugendamt, Landesjugendamt und Lima. Hilfe, Unterstützung? Fehlanzeige. Kein Hauch davon war zu erspüren. Kein Amt wollte sich mit einem anderen Amt, das Auslandsadoptionen problemlos durchgeführt hatte, in Verbindung setzen. Die peruanische Adoption interessierte nicht. Hier läuft alles anders. Basta.

Lima ließ schriftlich wissen, sie würden sich nicht von deutschen Ämtern in Nürtingen schikanieren lassen. Ihre Papiere wurden bisher in Deutschland überall problemlos anerkannt.

Lima ließ uns wissen, wir sollten uns nach Berlin wenden. Aber das Nürtinger Standesamt lehnte dies kategorisch ab. Kurzum, sie weigerten sich, den Antrag nach Berlin weiter zu reichen. „Ja, wo kämen wir denn hin, wenn Bürger Beamtenentscheidungen infrage stellen?"

Dann teilte man uns lakonisch mit, unsere Einspruchsfrist sei abgelaufen. Dass weder ein Datum noch sonst ein Hinweis auf dem amtlichen Ablehnungsbescheid zu entdecken war, störte dabei niemanden. Nun wandten wir uns selbst an das Standesamt in Berlin, das bundesweit auch für Auslandsadoptionen sowohl eine Abstammungsurkunde als auch eine Geburtsurkunde ausstellt. Berlin reagierte sofort und bat uns, ihnen den Antrag samt Papieren zuzusenden.

Die Berliner setzten sich mit Nürtingen in Verbindung und weckten die Kreisstadt aus ihrem Dornröschenschlaf. Obwohl

Nürtingen in Berlin darauf drängte, unseren Antrag abzulehnen, kam alles anders. In Berlin vertrat man die rechtliche Auffassung, dass die Erstadoption in Peru wirksam sei. Nürtingen verschlug es die Sprache.

Am 08. Mai wurde ihr Patenonkel nach einem Antrag beim Notar und durch den Beschluss des Amtsgerichtes in Nürtingen als Pfleger zugelassen. Nun hatte auch das Jugendamt keinen Zugriff mehr. Endlich konnten wir wieder ruhiger schlafen.

AM 23. MAI 1981 ADOPTIONSUNTERLAGEN

IM GERICHT SPURLOS VERSCHWUNDEN

Um 11:45 Uhr klingelt das Telefon. Das Amtsgericht ist an der Strippe. „Frau Klink, alle ihre Adoptionspapiere sind unauffindbar und spurlos verschwunden. Alle Nachforschungen haben nichts erbracht. Wir suchen verzweifelt danach. Und es tut uns sehr leid."

Aber unsere Originalpapiere waren uns kurz davor ohne Anschreiben, ohne Einschreiben auf dem normalen Postweg zugegangen. Natürlich hatte ich umgehend beim Gericht angerufen und mich über diesen bodenlosen Leichtsinn beschwert. Der Sachbearbeiter verschwieg wohl meinen Anruf. So konnte der Richter nicht ahnen, was wirklich vorgefallen ist. Wer immer uns die Papiere zugeschickt hatte, sollte ein Rätsel bleiben.

Immerhin fiel dem Amtsgericht ein ganzer Steinbruch vom Herzen. Ich wurde umgehend einbestellt und übergab die wertvollen Dokumente dem Richter höchst persönlich. Felicitas thronte quietschvergnügt und völlig respektlos auf dessen Schreibtisch. Natürlich konnte sich der Richter dem Charme der Kleinen nicht entziehen und meinte zu Felicitas gewandt: „Die Sekretärin hat wohl aus Versehen deine ganzen Papiere an die Mama geschickt", dabei sah er mich nicht an.

Kaum wieder zu Hause klingelte erneut das Telefon. Das Standesamt in Nürtingen bat uns zwecks Eintragung gleich am Montagmorgen mit dem Familienstammbuch zu erscheinen. Ich könnte dies aber auch auf dem Amtsgericht vorlegen. Letzteres schien mir die bessere Lösung. Und sofort hin marschieren war selbstverständlich. Nach wenigen Minuten erhielt ich unser Familienstammbuch zurück. „Wir legen umgehend die Akte dem Richter vor. Die Bearbeitung kann aber noch Monate dauern", meinte der Richter.

AM 05. JUNI 1981 STELLUNGNAHME

DER STELLUNGNAHME DER STELLUNGNAHME

Überraschend hatte das Jugendamt in Kirchheim die ausstehenden Berichte angefertigt. Sie waren auf dem Weg zum Landesjugendamt nach Stuttgart. Dort würde Stellung dazu genommen. Dann ginge die Akte ans Amtsgericht zurück, würde mit einer weiteren Stellungnahme geschmückt und dem Richter vorgelegt. Entschieden würde rein nach Aktenlage.

AM 06. JULI 1981

DIE ADOPTIONSAKTE WIRD GESCHLOSSEN

Gleich zwei blaue Amtsbriefe drückt mir der Postbote in die Hand. Au weia, Post vom Gericht. Das kann nur etwas Negatives bedeuten. Mir wird fast schlecht vor Schreck.

Mutig reiße ich den an mich gerichteten Brief auf, eile dabei die Treppenstufen hinauf und bleibe mitten im Lauf wie angenagelt stehen. Mir bleibt die Luft weg. Es ist wie damals, als der Brief aus Peru zentnerschwer in meiner Hand lag.

Halblaut lese ich: „Amtsgericht, Vormundschaftsgericht, Beschluss vom 02. Juli 1981 ... wird der Antrag wegen Annahme als Kind ... ausgesprochen. Die Annahme erfolgt nach den Vorschriften der §§ 1741, 1755 Abs. 1 BGB ... Ausgestellt am 06. Juli 1981. Gezeichnet Direktor des Amtsgerichtes." Ich schnappe hörbar nach Luft, kann das Ganze weder glauben noch fassen. Ich reiße einfach den zweiten Brief an Siegfried unerlaubt auf, aber es steht dasselbe darin. Traumhaft. Real? Irreal?

Ich stammle irgendwelches unzusammenhängende Zeug ins Telefon, aber Siegfried hat die Lage sofort im Griff: „Ich bin in zwanzig Minuten zu Hause."

Endlich ist unser Kind auch nach deutschem Recht unser Kind. Sie gehört zu uns wie das Amen in der Kirche und keine Macht der Welt kann uns noch etwas anhaben. Wir fühlen uns vogelfrei, überglücklich und posaunen unser unermessliches Glück in die Welt hinaus, egal, ob die Welt diese sensationelle Nachricht hören will oder nicht. Zu dritt führen wir einen wilden Indianertanz im Wohnzimmer auf.

Am Abend bin ich völlig heiser vor lauter telefonieren. Und das will bei mir schon etwas heißen.

Der letzte Akt ist vollzogen, die Adoption ist abgeschlossen. Wir sind die glücklichste kleine Familie auf Gottes Erdboden. Und nun werden wir uns um ein Geschwisterkind bemühen. Auf in ein weiteres Abenteuer der Adoption.

Nach all den Erfahrungen glaubten wir, der zweite Adoptionsschritt könne nun nur noch einfacher und leichter werden. Aber noch hatten wir keine Ahnung, dass es genau umgekehrt werden sollte.

SEPTEMBER 1981

DER ZWEITE ANLAUF

Wir hatten in Lima den zweiten Adoptionsantrag gestellt und ein Geschwisterchen beantragt.

Siegfried muss wieder ganztags arbeiten, sein Arbeitgeber hatte eine Verlängerung rundum abgelehnt. Mit dem Einverständnis des Jugendamtes fanden wir für den Vormittag in der Nähe eine Familie, die wir gut kannten und Felicitas bekam gleich zwei Brüder zur Seite.

SYLVESTER 1981

Inzwischen hatten wir mehrere Adoptionsgesuche in das Inkaland Peru auf den Weg gebracht. Natürlich fragten wir erneut in Lima an, aber auch in Tarma und Abancay. In Tarma hatte Bischof Unfried ein großes Waisenhaus errichtet und er wusste nicht, wohin mit all den vielen elternlosen Kindern – und es kamen fast täglich neue Kinder dazu. Obwohl wir evangelisch sind, wollte er uns auf einem zweiten Adoptionsweg begleiten.

In Abancay betreuten katholische Ordensschwestern ebenfalls ein großes Waisenhaus und standen vor derselben Frage, wie sie die vielen Kinder unterbringen und versorgen könnten. Auch dieses Heim war überbelegt und die finanziellen Mittel aus Spenden wurden immer knapper.

In Süd-Chile hatte ich mit Conception Kontakte aufgebaut. Hier wäre eine endgültige Adoption dann nach zwei Jahren Adoptionsversuchszeit in Deutschland möglich.

Der Wunsch nach einem zweiten Kind ist sehr präsent – bei uns beiden. Wenn sich Felicitas so weich und warm zwischen uns kuschelt, könnten wir sie glatt vor Liebe auffressen. Aber Gott sei Dank ist bei uns Kannibalismus verboten. Sie ist für uns viel mehr als nur unser Sonnenschein. Sie ist unser ganzes Leben mit seinem bunten, sich ständig ändernden, schillernden Vielfalt eines Kaleidoskops.

Manchmal beschleicht uns die Angst, wir könnten dieses Kind durch unsere Liebe erdrücken. Diese würde für mehrere Sonnenscheine – oder Wuschel, wie sich Felicitas schelmisch gerne selber nennt –, locker ausreichen. Oft denken wir über die Zeit vor ihr nach.

Sie war schön, ausgefüllt –, aber mit unserem Kind hat unser Leben erst seinen Sinn und sein Ziel erhalten. Und deshalb freuen wir uns so unbändig auf ein zweites Goldkind mit schwarzen Augen, brauner Haut und seidenweichem Haarschopf.

Und woran man so unerschütterlich und felsenfest wie wir glaubt, das kann und muss sich erfüllen. Keine Behörde kann dies verhindern, auch keine noch so dumme Redensart unserer Umwelt oder der Presse.

LEBENSPHILOSOPHIE UND SELBSTBEWUSSTE

TOCHTER

Unsere Kindergärtnerin berichtet uns von folgender Szene im Kindergarten:

Felicitas spielt in der Puppenecke. Sie spielen Familie und dazu gehört auch das Baby. Meint ihre beste Kindergarten-Freundin: „Du, deine Mama ist ja gar nicht deine echte Mama. Du bist ja adiert (gemeint war adoptiert). Felicitas schaut kurz auf, stemmt ihre Arme in die Seite, ihr Gesicht wird undurch-

dringlich, ihre schwarzen Augen glitzern gefährlich: „Dass du es
bloß mal weißt, ich bin adiert. Aber meine Mama, die hat mich
ausgesucht, die ist extra mit dem Flugzeug nach Lima gefahren,
weil sie mich unbedingt haben wollte." – und dann eine hörbare
kleine Atempause: „Aber deine Mama, die musste dich einfach
nehmen." Und damit war auch diese Frage geklärt.

FELICITAS MACHT 1984

EINE UMWERFENDE ERFAHRUNG

Bisher scheint Felicitas angenommen zu haben, dass wohl alle
Babys adoptiert seien.

In unserem Sechs-Familienhaus wird bei einer befreundeten
Familie das erste Kind erwartet. Felicitas sieht voller Erstaunen
den dicken Bauch, darf das Ungeborene erfühlen und ist hell be-
geistert. Klar weiß sie, dass alle Kinder im Bauch einer Mutter
wachsen und dann geboren werden. Tausendmal musste ich ihr
ihre eigene „Geschichte" erzählen.

Als das Neugeborene besucht werden darf, nehmen auch wir
die Gelegenheit wahr, das Kind gebührend zu begrüßen.

Felicitas ist sprachlos: „Und wo ist nun das Baby in deinem
Bauch geblieben?", will sie wissen. „Schau, es liegt hier in der Wie-
ge, ich habe es geboren." Felicitas schweigt, ihre Blicke schwei-
fen zwischen der Wiege, dem Bauch der glücklichen Mutter und
mir hin und her. Dann sagt sie nichts mehr.

Wenige Minuten später kommt sie auf uns zu: „Dann ist
das Baby aus deinem Bauch gekrabbelt und es gehört dir? – Du
hast es nicht adiert?" Eine Pause. Sie geht zur Wiege, schaut
das friedlich schlafende Baby forschend an, dreht sich um und
meint ganz trocken: „Ach so, nicht alle Babys sind adiert???"
Eine längere Pause. Ich sehe, wie es in dem kleinen Kinderkopf

arbeitet. Dann läuft sie strahlend auf mich zu, schmiegt sich an mich und meint: „Dann bin ich also doch was ganz Besonderes: Es gibt adierte und andere Babys." Sie schaut uns Frauen kurz an und ergänzt: „Ist doch egal, Babys sind Babys." Und von da an war die Sache mit den Babys aufgeklärt.

Und eines Tages lausche ich einem Aufklärungsgespräch besonderer Art: Felicitas klärt ihre kleine Schwester Desiree genauestens auf, wie das so mit den Babys eigentlich ist, mit denen, die adoptiert wurden und mit den anderen.

SOMMER 1985

EIN INKA UND EIN MAYA

Vom Balkon aus beobachte ich diese selbstbewusste Szene. Desiree und Felicitas spielen im Hof vor dem Haus mit anderen Kindern Ball. Ein Mann geht vorbei, schaut Felicitas kritisch an und meint: „Könnt ihr nicht woanders spielen? Ihr habt hier nichts zu suchen." Die Kinder unterbrechen ihr Spiel, Felicitas stellt sich beschützend vor Desiree und die anderen Kinder. Ich sehe, wie ihr Gesicht diesen undurchdringlichen Ausdruck annimmt. „Dass du das weißt, ich bin ein Inka und meine Schwester ist ein Maya." Und mit dieser furchtlos ausgesprochenen Drohung spielen die Kinder weiter. Der Mann gibt keine Antwort und geht weiter. Wir haben ihn nie wieder in unserer Straße gesehen.

WAS WÄREN WIR OHNE EUCH?

Felicitas beantwortete die Frage nach ihrer Adoption und wie es den Eltern ohne sie gehen würde, einmal so: „Dann täten sich die Mama, der Papa und die Desiree langweilen und die wären ganz traurig und müssten ganz arg weinen. Weil die wollten uns einfach unbedingt haben." Dann hüpfte sie zufrieden davon.

UMGANG MIT … ZUM MUTTERTAG 1987

SPIELEN UND LERNEN

„Felicitas aus Peru ist die Adoptivtochter von Gabriele Klink. Letztes Jahr zum Muttertag hatte Felicitas in der Schule ein Gedicht gelernt. Besonders die letzten drei Zeilen sprachen ihr aus dem Herzen. War es nicht auch ein Wunder, dass sie und ihre Mutter sich in Lima gefunden hatten? Mutter und Tochter beschlossen, ein Gedicht zu schreiben. Ein Gedicht für Felicitas und für alle Kinder, die im Laufe ihres Lebens eine neue Familie gefunden haben, für Adoptivkinder, Pflegekinder und für alle Mütter, die ihre Kinder lieben."

Kind und Mutter dichten:

Für meine Tochter

„Von allen Kindern dieser Welt ist keines,
das mir so gefällt
wie meine Tochter, wenn sie lacht und wenn sie
schmust mit mir ganz sacht.
Auch wenn sie bastelt, mit mir singt,
und Blumen von der Wiese bringt,
wenn sie bei mir im Bett rumtobt
und schwärmend dann das Frühstück lobt.
Und wenn sie sich mit mir versöhnt
und bin ich müde, mich verwöhnt,
sie ihre Arme um mich schlingt
und zärtlich ihre Stimme klingt:
Ich mag dich sehr, ich hab' dich lieb,
ach bin ich froh, dass dich es gibt.
Ja, was sie überhaupt auch tut,
ich mag sie immer, bin ihr gut.
Sie suchte Eltern, wir ein Kind,
wie schön, dass wir zusammen sind.
Und hin und wieder wundert's mich:
Dass wir uns fanden, sie und ich."

NOVEMBER 1986

EINLADUNG MIT WEITREICHENDEN FOLGEN

Die „Druidenloge zu den Drei Linden" in Nürtingen hörte von unserer Reise und lud Felicitas und mich ganz kurzfristig und überraschend zu einem Diavortrag ein. Wir waren wenige Tage zuvor in unser Eigenheim eingezogen und mussten erst nach den Reisedias in den noch nicht ausgepackten Kisten suchen.

Dort als „Frau" eingelassen zu werden, ist eine ungeheure Ehre. Besonders Felicitas berichtete von ihren Erlebnissen in Lima und schien die Männer so zu beeindrucken, dass sie beschlossen, Tarma und das Werk von Bischof Unfried in ihr Hilfsprogramm aufzunehmen – bis heute. Bischof Unfried starb ein Jahr nach unserem Besuch an Magenkrebs. Das hatte uns tief getroffen. Aber sein großes Engagement für die Menschlichkeit entwickelte sich weiter. Im Jahr 2000 wurden dort 200 Waisenkinder betreut und das Heim erhielt durch die Unterstützung der Loge ein menschliches Gesicht.

NÜRTINGEN AM 30. JUNI 1988

DAS ERSTE ZEUGNIS

Felicitas bekommt einen wunderbaren, sehr engagierten Lehrer, den alle Kinder lieben. Mit Festen und kleinen Theateraufführungen nimmt er die Klasse und die Eltern mit auf das Abenteuer des schulischen Lernens. Wir Eltern wissen sein Engagement, die Einbindung als Partner der Schule und die Tatsache, dass die Kinder im Mittelpunkt des Schulgeschehens ihren Platz haben, sehr zu schätzen. Uns Eltern gelingt dann ein unglaubliches Kunststück, diesen Traum-Lehrer bis zur vierten Klasse behalten zu dürfen.

„Liebe Felicitas,

das erste Jahr in der Schule hast du jetzt hinter Dir und Du hast Deine Sache ganz prima gemacht. Du konntest ja schon vorher schöne Buchstaben malen, doch jetzt kannst du bereits ganze Geschichten wunderbar ins Heft schreiben. Auch im Rechnen schaffst

Du schon die schwersten Aufgaben. Uns allen hat es Spaß gemacht, Dir beim Lesen oder Gedicht vortragen zuzuhören. Beim Schattenspiel hast du eine wichtige Rolle toll gespielt. Schön ist es, dass Du anderen hilfst, wenn sie nicht weiterkommen. Das hat man beim Basteln gesehen. Auch finde ich es gut, dass Du keine Angst hast, zu sagen, wenn Dir etwas nicht gefällt. Sicher ist es für Dich wichtig, dass Du Freundinnen in der Klasse hast. Für die ist das genau so wichtig.
Ich wünsche Dir ganz tolle Ferien.

Dein Klassenlehrer der ersten Klasse. Helmut Stotz".

AUS DEM SCHULORDNER VON FELICITAS:

SEPTEMBER 1999

ABTREIBUNG

Es war vergangene Nacht, da haben sich zwei Menschen zugelacht,
zwei Menschen, zwei Körper vereinigen sich,
und seitdem gibt es mich.

Ich bin jetzt schon zwei Wochen alt,
die Arme entstehen, es formt sich mein Körper bald.
Ich habe schon einen Mund,
und ich bin kerngesund.

Dies ist mein 20. Tag,
mein winziges Herz tut den ersten Schlag.
Ich sehne mich so sehr, doch
ich frage mich:
„Warum sorgt Mutter sich?"

Ich bin sechs Wochen schon heut',
mein winziges Herz hat sich gefreut,
als meine Mutter erfuhr, dass ich da bin,
und dies ist wunderbar.
Bald kann ich Mutter anschauen.
Die Augen sind fertig, Haare und Augenbrauen
verzieren und schmücken mich.
Auch Schmerzen spür' ich schon.

Es war am neunzigsten Tag,
da hab' ich erfahren, dass man mich nicht mag.
Es fand sich ein Arzt, der so was macht!!!

Und ihr habt mich einfach
UMGEBRACHT!

DAS JAHR 1981

Monate sind ins Land gezogen. Ein Geschwisterchen für Felici-
tas ist unser aller Wunsch. Felicitas schleppt ihre große Baby-
puppe überall mit hin, es ist ihr so sehr gewünschtes „tleines
Swesterle". Monate zerrinnen wie Sand, der zwischen den Fin-
gern gleichmäßig durchrieselt. Wieder werden in alle Welt die
Fühler ausgestreckt. In Peru machen uns die Schwestern eines
Waisenhauses Hoffnung, auch aus Chile kommen erste Hoff-
nungsschimmer. Doch sie sollten alle wie Seifenblasen mit ei-
nem Plopp zerplatzen und zerstäuben.

Felicitas hat die Faszination von Seifenblasen entdeckt. Er-
staunt schaut sie mit offenem Mund den schillernden Kugeln
nach. Dann erwachen ihre unbändige Neugierde und ihr Bewe-

gungsdrang: Diese Dinger müssen sich doch fangen lassen. Mit
Feuereifer macht sich die Kleine an die unlösbare Aufgabe, die-
se schwebenden Wunderkugeln zu erhaschen. Sie ist versessen,
diese Wunderkugeln zu berühren, sie jagt unermüdlich hinter
den schillernden Kugeln her. Und wenn so ein geheimnisvoller
Ball mit einem „plopp" unvermittelt vor ihren Augen zerplatzt
und sich im Nichts verliert, wird sie wütend. Über eine halbe
Stunde dauert dieses Spiel. Ich puste die filigranen Kugeln und
sie jagt ihnen hinterher – vergeblich. Wenigstens eine Einzige
will sie erhaschen. Dass die Seifenblasen auch noch die Unver-
frorenheit besitzen, direkt vor ihrem Gesicht fühlbar zu zerplat-
zen, ist eine pure Unverschämtheit der schwebenden Kugeln.
Alle Versuche scheitern kläglich und der Kampf um die Dinger
endet in enttäuschtem, wütendem Weinen.

Diese Szene berührt mich und führt mir überdeutlich vor
Augen, dass ein zweites Wunder auf ein Kind wie diese zarten
Seifen-Wassergebilde zum Zerplatzen verurteilt sind. Welche
Symbolkraft liegt für mich in dieser Begebenheit.

ABSAGEN OHNE ENDE

Absagen treffen ein. Peru lässt aufgrund der negativen Adop-
tions-Presse in Deutschland keine weiteren Kinder mehr aus-
reisen. Chile zieht als Nachbarland nach. Auch dort werden die
Presseberichte heftig diskutiert. Dass Adoptionen als „Kinder-
markt" eingestuft werden, verunglimpft diese Länder und sie
fühlen sich massiv angegriffen. Dies führt zu erbitterten De-
batten in den Parlamenten über Auslandsadoptionen. Verletz-
ter Nationalstolz ist die Folge. Ich schäme mich tief. Die Pres-
se hat keine Ahnung, was sie anrichten – oder wissen sie doch,
was sie tun?

Der Rechtsanwalt schreibt uns aus Lima:

„Es ist dem Staat gleichgültig, ob 200.000 Kinder im Jahr sterben werden oder ein paar Adoptivkinder mehr. Wen kümmert es schon, wie viele Kinder in unserem Land das erste Lebensjahr nicht erleben oder überleben können? Das ist Schicksal, aber unser Land lässt sich nicht an den Pranger stellen, wir würden unsere Kinder verkaufen oder seien ein unfähiger Staat, die eigenen Kinder überleben zu lassen. Peru will sein Gesicht nicht verlieren, schon gar nicht in Deutschland. Bitte sehen Sie von einer Adoption bei uns ab" lesen wir erstarrt in den Luftpostbriefen.

ADOPTIONSFAMILIEN

MIT EINEM KIND AUS PERU

Inzwischen lernen wir auch andere Adoptionsfamilien kennen, die Kinder aus Peru haben. Wir treffen uns, um uns kennenzulernen und gemeinsam in Stuttgart Fasching zu feiern. Eine quirlige bunte Kindergruppe, alle noch im Kleinkindalter und Eltern, die plötzlich zu dritt oder viert sind. Das ist nicht ein Mütter-Kinder-Treff, sondern alle Väter sind wie selbstverständlich dabei. Ein fröhlicher, unbeschwerter Nachmittag voller gegenseitiger Neugierde und sich herantasten an die Familien, die sich bereits kennen, aber uns Neulinge mit offenen Armen aufnehmen. Gegenseitig möchte man sich unterstützen, Mut machen, Gefühle und Gedanken austauschen, neue Wege für ein weiteres Wunschkind knüpfen, aber auch Erfahrungen austauschen. Diese Kontakte stärken uns, tun uns gut. Schmunzelnd registrieren wir bei den Treffen, dass die „Peruanos" demnächst die Oberhand gewinnen und wir „Alemanes" in die Minderheit abrutschen.

Unbeschwert entdecken die Kinder, dass sie keine Einzelkinder sind und Groß und Klein fühlen sich geborgen, wohl und eingebunden in dieser neuen, großen „Familie" Gleichgesinnter. Vor allem wir Eltern finden immer Gesprächspartner zum Meinungsaustausch, um Sorgen und Nöte zu besprechen, uns gegenseitig zu unterstützen und Mut zu machen. Uns Eltern öffnen sich Wege, um Vorurteile und Anfeindungen leichter zu bewältigen und vor allem diesen entgegenzutreten. Und fast alle Familien, sofern sie es nicht schon geschafft haben, bemühen sich um ein Geschwisterkind.

Das Bewusstsein, mit unserer Felicitas das größte Geschenk unseres Lebens erhalten zu haben, macht uns unverwundbar. Alles Schicksal, alles Zufälle? Wer weiß das schon. Und so klopft das Jahr 1982 fordernd an die Kalendertür.

AUF DEM WEG ZUM NOBELPREIS

WASSER EINFANGEN

Felicitas hält uns unermüdlich auf Trab – wie alle Kinder dieser Welt. Ihr Wissensdurst ist ungeheuerlich. Immer, wenn es verdächtig still, ist erahne ich, dass unsere Tochter auf dem Weg zum Nobelpreis ist. Ihre Experimente sind verblüffend.

Sie hat sich einen Hocker geholt und versucht mit ernsthafter Miene das Wasser, das in dünnem Strahl aus dem Wasserhahn rinnt, zu fangen. Immer wieder unermüdlich und nichts und niemand kann sie abhalten, diese ersten wissenschaftlichen Experimente zu unterbrechen: tagelang.

FRÜHLINGSSCHNEE

Felicitas hat sich wieder einmal sehr verdächtig ins Badezimmer zurückgezogen: höchste Alarmstufe für mich. Und da sitzt sie auf dem Boden, hat mit ihren kleinen Fingern und den Fingernägeln eine gestern neu gekaufte Wattetüte fein säuberlich tranchiert und dann den ganzen weichen weißen Inhalt höchst künstlerisch auf den Badematten, an sich und über sich drapiert. „Du lieber Himmel, was machst du denn da?", lässt sie nur kurz aufblicken und freudestrahlend streckt sie mir den kläglichen Rest der Wattetüte entgegen und ruft: „Nee, viel Nee" (Schnee, viel Schnee) Ihre schwarzen Augen blitzen besitzergreifend und voller Entdeckerstolz schaut sie mich mit der unschuldigsten Miene der Welt erwartungsfroh an.

Ich muss mir das Lachen verkneifen. Sie schaut mich forschend an, aber Augen lügen nicht und sie hat die Situation sofort glasklar analysiert.

Dann schnappen wir uns Bürsten und versuchen, den Badezimmerschnee äußerst mühsam und nicht sonderlich erfolgreich zusammen zu sammeln, ehe wir die restliche weiche, weiße Watteschneepracht in der Toilette versenken. Draußen scheint die Frühlingssonne und der Zauber des Schnees ist Schnee von gestern.

SONNTAG, 18. APRIL 1982

NAMENSFINDUNG

Felicitas erzählt nun schon überall im Brustton der Überzeugung, „dass sie mit dem Flugzeug ganz, ganz weit weg fliegt, um das kleine Schwesterchen abzuholen". Wird sie gefragt wie es denn heißen soll, kommt prompt mit leuchtenden Augen und ernsthaftem Gesichtsausdruck die Antwort: „Deshihe" (Desiree)

Und wenn es ein Brüderchen wird? Aber damit hat sie kein Problem. Pfeilschnell kommt die Antwort geschossen: „Manuel". Und jetzt haben wir es sozusagen amtlich: Es wird eine kleine Desiree oder ein kleiner Manuel sein – und damit ist die Namensfrage schon einmal geklärt. Sie nennt sich übrigens „Felisitastas" und quietscht dabei schelmisch, um sich sofort ernsthaft zu korrigieren „Felicitas".

PERU SCHLIESST

SEINE ADOPTIONSGRENZEN

Tags zuvor landet ein dicker Brief aus Peru im Briefkasten. Ich traue mich nicht, ihn sofort zu öffnen. Ich fühle, unsere Dokumente wurden zurückgeschickt. Alles ist gesagt.

Es fällt mir schwer, den blauen Luftpostbrief zu öffnen. Ich starre auf den dicken Stapel unserer Unterlagen. In mir ist alles leer und ich bin unendlich traurig.

Klar wusste ich es, aber dass es nun tatsächlich so ist, zieht mir den Boden unter den Füssen weg. Erst als ich mich gefasst habe, ziehe ich mich in mein Arbeitszimmer zurück. Die Ordensschwestern bedauern sehr, dass es keine Chance mehr auf Adoptionen in Peru geben wird. Das Land hat seine Adoptionsgrenzen geschlossen.

LANDUNGS-JAHRESTAG

24. AUGUST 1982

Heute vor zwei Jahren sind wir gelandet. Schon zwei Jahre –
oder erst zwei Jahre? Ich schicke ein kleines Dankgebet nach
Lima an Felicitas Mutter. Die „Pachamama" hat unsere Tochter
hierhergebracht, die „Pachamama" hat sie bisher behütet, so wie
es die Indiofrau in Lima bei der Adoption ausdrückte. Ich bin
überzeugt, dass die Aymarafrau nicht nur die Erdgöttin verehr-
te, sondern dass ihr Segen über uns ruht. Nach dieser kleinen
Geburtsfeier sitzen wir zu dritt auf unserem grünen Cordsofa,
Felicitas thront zwischen uns. Wortlos umarmen wir uns, drü-
cken uns ganz fest. Sie schaut uns fragend an. „Schicken wir
der Frau in Lima einen Gruß?" – dann drückt sie uns so fest die
Hände, dass es fast wehtut und meint: „Abgeschickt".

DAS ZWEITE WUNDER

EIN KIND AUS GUATEMALA

WEGE, DIE SICH IN GUATEMALA KREUZEN

Es waren einmal zwei Frauen, die sich nie begegnet sind.
Eine, an die du dich nicht erinnerst, die andere, die du Mut-
ter nennst.
Die erste Frau gab dir das Leben, die zweite lehrte dich, es zu leben.
Die eine gab dir deine Wurzeln, die andere gab dir ihren Namen.
Die eine gab dich frei zur Adoption, das war alles, was sie für
dich tun konnte.
Die andere betete darum, ein Kind zu haben und Gott führte
sie zu dir:

Unser Kind.
Und nun, wenn du die Frage, die ewige Frage stellst:
Vererbung oder Erziehung, wessen Frucht bin ich denn nun?
Weder das eine noch das andere:
Du bist die Frucht zweier verschiedener Formen der Liebe.

AM 11. MAI 1982

ANTRAG IN GUATEMALA

Aufgeben wäre nicht denkbar. Durch einen unglaublichen Zufall beim Adoptionstreffen erfahre ich, dass es in Mittelamerika, in Guatemala, einem Land, von dem ich außer dem Namen nichts wusste, eine Frau geben würde, die sich bei Adoptionen unterstützend einsetzen würde.

Diesen Strohhalm musste ich umgehend ergreifen. Nur keine Zeit verlieren, keinen Tag, keine Stunde. Und die Angst sitzt mir im Nacken: Wenn dort auch die Adoptionsgrenzen geschlossen würden, was dann? Also setzte ich mich an meine klapprige Schreibmaschine und schrieb:

„Sehr geehrte Frau Chavarria,

von einer Familie aus Stuttgart, die im Dezember 1981 einen kleinen Jungen in Guatemala adoptiert und von dort abgeholt hat, erhielten wir Ihre Anschrift. Sie haben diese bei der Adoption unterstützt und mitvermittelt und wir möchten anfragen, ob Sie auch uns bei der Vermittlung einer Adoption in Guatemala helfen könnten ... Deshalb wenden wir uns heute an Sie mit der Frage, ob es in Guatemala eine Adoptionschance gibt, wie lange die Wartezeiten wären, welche Papiere das

Land voraussetzt und wie lange wir uns während des Adoptionsverfahrens in Guatemala aufhalten müssten. Uns ist bekannt, dass das Land sehr unruhig, politisch instabil ist und Bürgerkrieg herrscht." Ich füge ein Familienfoto bei, auf dem Felicitas ganz keck in die Kamera blickt. Den Brief darf Felicitas mit Spucke zukleben und auf dem schnellsten Weg eilen wir zum Postamt. Dort wird er gewogen, mit Briefmarken versehen und verschwindet geräuschlos in einem großen graubraunen Postsack. Mein Herz klopft zum Zerspringen, ich starre den Postsack wie eine Wundertüte an und werde umgehend in die Wirklichkeit zurückbeordert: „Mama, gehen wir nun heim?" Und während mich meine Tochter wegzieht, dreht sie sich um, winkt dem Schalterbeamten zu und ruft beim Hinausgehen: „Und pass auf den Brief aber ganz gut auf, der ist für meine kleine Schwester ganz weit weg."

***Nachtrag:** In meiner Klasse hatte ich eine Familie, die wiederum eine andere Familie in Stuttgart kannte, die ein Kind aus Guatemala adoptiert hatte. Doch diese Familie ließ mich später wissen, dass diese Frau keine weiteren Adoptionen mehr macht. Aber da gäbe es in Guatemala-Stadt eine Deutsch sprechende Frau, mit der sie weitläufig verwandt sei. Diese Familie habe zwei Buben adoptiert, aber das dürfe niemand wissen, weil die Familie und die Kinder riesige Probleme bekämen – also streng geheim! Die Anschrift fügte sie bei. Und diese Frau war Ingrid de Chavarria, unsere Geburtshelferin!

HOFFNUNG UND ERNÜCHTERUNG

Aus Peru ein blauer Luftpostbrief. Ich erkenne dies sofort an den Briefmarken. Etwas unschlüssig drehe ich ihn in den Händen. Er knistert und ist ganz dünn. Also können keine Papiere zurückkommen. Aber was soll der Brief sonst enthalten? Öffnen, zulassen, warten bis zum Abend, um ihn gemeinsam zu lesen? Öffnen, sagt mir mein Bauchgefühl. Ungeduldig reiße ich das dünne Kuvert auf und zerre das feine durchsichtige Briefpapier heraus. Blitzschnell huschen meine Augen über die eng beschriebenen handschriftlichen Zeilen. Ich lese in jeder Reihe nur die mittleren Wörter. Wie ein Mehlsack plumpse ich auf den nächstbesten Stuhl im Wohnzimmer. Was ich da lese, ist einfach unglaublich. Ich lese nun jedes Wort, überprüfe zum zweiten und dritten Mal die Sätze. Dann schnappe ich den Briefumschlag und suche forschend nach der Anschrift. Aber da steht unser Name, unsere Adresse. Also ist eine Verwechslung ausgeschlossen.

Sekundenschnell hänge ich am Telefon. Es erscheint mir wie eine kleine Unendlichkeit bis sich Siegfried etwas atemlos meldet. „Es ist einfach nur wunderschön. Hurra, wir bekommen nun wie durch ein Wunder doch noch ein zweites kleines Mädchen aus Peru."

Wir können diese Nachricht nicht fassen. Abends halte ich ganz aufgeregt den Telefonhörer in der Hand. Irgendwie klappt es mit dem Wählen nicht. Die Nummernscheibe unseres Telefons verschluckt einfach die Ziffern oder vertauscht sie klammheimlich. Siegfried wählt mit ruhiger Hand die ewig lange Nummer. Es ist nur ein kurzes Telefonat und es wird bestätigt, dass unsere Adoption bei Gericht zugelassen wurde. Mehrere Telefonate gehen dann über den Atlantik, alle Nachfragen sind positiv. Ich buche den Flug, um die kleine Tochter abzuholen.

ADOPTION – NEIN DANKE

MEINT DAS STAATLICHE SCHULAMT

Dann lasse ich mir auf dem Schulamt einen Termin geben. Der zuständige Schulrat erklärt mir kurz und sachlich, dass ein Sonderurlaub ausgeschlossen sei und für solche „Privatvergnügen" auch kein unbezahlter Urlaub gewährt werden könne. So sei nun einmal die Rechtslage. Mein Hinweis, ich sei nie krank, fand kein Gehör. Zwei Wochen Unterrichtsausfall sei niemandem zumutbar, ich solle doch gefälligst an meine Schüler denken! Basta. Und in null Komma nichts stehe ich geschockt und zur Salzsäule erstarrt vor der Tür. Dennoch beschließe ich zu fliegen, nach dem Motto: „Nach mir die Sintflut". Notfalls lasse ich mich bei Ankunft im Gastland krankschreiben. Und wechselt dabei ein Dollarschein den Besitzer, ist eine solche Not-Bescheinigung zu erhalten. Was soll es. Ich fliege, koste es, was es wolle.

PERU-ABSAGEN

DIE GRENZEN SIND DICHT

Zwei Tage später ein Anruf aus Lima: „Frau Klink?", höre ich eine fragende, etwas ältere Männerstimme auf der anderen Seite der Erde. „Ich muss Ihnen leider mitteilen, dass Peru ab sofort alle Adoptionen und Ausreisen von peruanischen Kindern, auch die, die schon bewilligt wurden, stoppt. Ihre deutsche Presse hat Adoptionen mit dem Siegel „Kinderhandel, geklaute Kinder, illegale Adoption" versehen. Kein Anwalt weltweit setzt seine Position für eine Adoption nach Deutschland aufs Spiel. Auch ich nicht. Es tut mir leid." Ich bin nicht einmal in der Lage, irgendeinen Ton herauszubringen. Es verschlägt mir die Sprache im wahrsten Sinne des Wortes. Ich höre noch ein Klicken, auf der anderen Erdhälfte hat der Anwalt den Telefonhörer auf die Gabel gelegt. Wir sind am Boden zerstört und fassungslos.

ABSAGEN

AUS TARMA

Wenige Tage später teilte uns Tarma mit: „Obwohl unser Waisenhaus viele Kinder aufgenommen hat, zu viele, und es werden täglich mehr, können wir nicht mehr allen Kindern das Überleben gewähren. Es wird in den nächsten Jahren keine Adoptionen mehr geben. Ich werde Ihre Adoptionspapiere behalten, da die katholischen Kirchen in Peru hoffen, dass das Urteil des Parlamentes nicht jahrelang Bestand haben wird." Doch alle sollten sich täuschen: Der Adoptionsstopp sollte Jahre dauern.

Nun trifft es die Kinder, deren einzige, wenn auch äußerst geringe Chance es war, adoptiert zu werden. Natürlich haben wir – und viele andere Adoptiveltern – uns an die Presse gewandt und auch Leserbriefe verfasst. Auch unser Leserbrief wird in der Stuttgarter Zeitung veröffentlicht. Es ist die einzige Chance gegenzusteuern.

JULI 1982

NEUE HOFFNUNGEN

Den dritten Brief nach Guatemala stecke ich schon recht ernüchtert, verzagt und dennoch voller Sehnsucht und Hoffnung in den Briefkasten. Ob die Post verloren ging oder eine Adoption nicht mehr möglich ist? Was wissen wir hier in Deutschland über das mittelamerikanische Land und seinen Bürgerkrieg? Eigentlich nichts. Und das Internet war zu der Zeit noch nicht erfunden. Am 23. August geht der vierte hartnäckige Brief auf die Reise. „Lass ihn bitte ankommen", murmle ich mit einem beschwörenden Blick in den blauen, wolkenlosen, warmen Sommerhimmel.

SAMSTAG, 28. AUGUST 1982

UND EIN BLAUER LUFTPOSTBRIEF AUS GUATEMALA

Ein blauer dicker Luftpostbrief lauert darauf, aus dem Briefkasten herausgeholt zu werden. An den Briefmarken erkenne ich sofort, dass es Post aus Guatemala ist. Während ich die grauen Steintreppen zum ersten Stock hinaufeile, habe ich den Umschlag etwas ungeduldig geöffnet. Ich lege schwungvoll die Schlüssel auf den Tisch und angle den Brief heraus. Beim Auseinanderfalten knistert er aufdringlich. Nach den ersten gelesenen Worten entfährt mir ein erleichtertes, kräftiges, strahlendes „Jaaaaa" und ich setze mich im Flur auf die kleine Schuhbank.

„Sehr geehrte Frau Klink,

ich habe Ihre Briefe erhalten. Ich habe auch mehrmals mit dem Leiter des Adoptionszentrums in Guatemala-Stadt gesprochen. Eine Adoption kann möglich werden. Hier die Anweisungen:

Die beiliegenden Papiere übersetzen, über das guatemaltekische Konsulat autorisieren lassen und mir so rasch als möglich zurücksenden … Außerdem eine Prokura für das Adoptionsverfahren vom Konsulat ausstellen lassen … Eine neue Estudio Social des Jugendamtes … und neue Pflegeerlaubnis … sowie eine sozial- und wirtschaftliche Bescheinigung … ein neues politisches Führungszeugnis, … eine Vollmacht, notariell beglaubigt für den Rechtsanwalt in Guatemala (sie ist auf Deutsch und Spanisch beigefügt) … Wegen der politischen Lage in Guatemala muss das Kind zu Ihnen gebracht werden …" Beigefügt ist eine 23 Punkte umfassende Liste an Nachweisen, Bescheinigungen, Amtspapieren.

Mir wird ganz schwindelig davon. „Teilen Sie mir mit, ob Sie einen Jungen oder ein Mädchen möchten, ebenso den zukünftigen Namen des Kindes … Ihre Ingrid de Chavarria"

Abends hänge ich bereits über der Balkonbrüstung, als Siegfried in unserem kleinen roten Ford Fiesta schwungvoll vor der Garage einparkt. Freudig wedle ich mit dem Brief hin und her und rufe „Post" und das klingt so begeistert, als hätte ich soeben eine Million im Lotto gewonnen, obwohl wir gar kein Lotto spielen.

Unser Antwortbrief folgt umgehend. Meine Hände zittern noch immer und ich bin schrecklich aufgeregt. Es ist wie Weihnachten und Ostern zusammen. Wie uns zumute ist, kann niemand ermessen. Wir können diese wundervolle Nachricht kaum fassen. Und wir beschließen, nichts davon nach außen dringen zu lassen, die bisherigen Enttäuschungen sitzen zu tief.

ACHTUNG

WIEDER STRENG GEHEIM

Felicitas schwärmte schon lange von einer kleinen Schwester, damit war die Geschlechterfrage geklärt. Mir schwebte als Name Janina vor. Siegfried war mehr für Rafaela und Felicitas hatte sich längst für Desiree entschieden.

Also legten wir uns miteinander auf Desiree Rafaela fest. (Unser sehnlich erwünschtes Kind)

Felicitas schleppt sofort einen Papierstapel und Buntstifte an, drückt mir einen heimlich stibitzten Kugelschreiber in die Hand und fordert mich unmissverständlich auf, umgehend zum Diktat bereit zu sein. Sofort diktiert sie mir einen Brief an die kleine Schwester und malt ein Bild, auf dem sie zu sehen ist. Beides verschwindet zuerst im Briefumschlag.

Wir entwickeln uns zu Briefeschreibern ganz besonderer Art und alle paar Tage macht sich ein blauer Luftpostbrief auf den Weg ins ferne, unbekannte, bürgerkriegsgeschüttelte Land Guatemala.

TERRE DES HOMMES SAGT AB

Heute trifft der letzte Absagebrief ein. Terre des hommes teilt uns mit diesen wenigen Zeilen ganz knapp mit: „... bedauern wir sehr, Ihnen einen negativen Bescheid geben zu müssen. Wir sehen uns nicht in der Lage, Ihnen bei der Aufnahme eines Adoptivkindes behilflich zu sein ... Ihr Adoptivreferat."

Ich kann das nicht ganz begreifen, drehe den Briefbogen um, aber keine Erklärung, kein Hinweis. Trotz der vielen Gespräche, Fragebögen, Hinhaltetaktik über Monate. Wir mussten schriftlich bestätigen, dass nur diese Institution für ein Adoptionsgesuch tätig sei. Bei den Gesprächen an den Adoptionstreffen mit Adoptionswilligen ließen einige zukünftige Eltern durchblicken, dass sie auch weiterhin ihre Fühler nach weiteren Adoptionsmöglichkeiten ausstreckten. Die Absagepraxis hatte sich unter betroffenen zukünftigen Eltern unter der Hand herumgesprochen. Und die Zeit läuft davon, da es eine Altersbegrenzung für Adoptionseltern gibt.

Bei den Überprüfungsgesprächen fühlten wir uns eingeengt, das sind keine normalen Gespräche. Jedes Wort, jeder Satz wird hinterfragt. Zwischenfragen sind kaum möglich. Wir fühlten uns nicht nur ausgefragt, sondern eher verhört. Auch bei den Treffen mit Eltern, die bereits ein Kind adoptiert hatten, waren Adoptionsbegleiter dabei. Was wir an den einzelnen Tischen vernahmen, beunruhigte und verunsicherte uns. Telefonnummern wurden untereinander ausgetauscht und später rege genutzt.

Wir erfuhren, dass Ehen durch die Adoption (?) zerbrachen, weil anstatt des erwarteten Kleinkindes ein Schulkind in die Familie vermittelt wurde. Eine Familie schilderte wie sie einen Tag vor Heiligabend ihr Kind in Stuttgart in Empfang nahmen, ohne Vorwarnung, dass es sich um ein schwerbehindertes dreijähriges Mädchen handelt, mit offenem Rücken, von

Geburt an drogenabhängig, mit bleibenden schweren körperlichen und geistigen Behinderungen. Statt eines friedlichen gemeinsamen Weihnachtsfestes verbrachten sie mit ihrem Kind Weihnachten in der Notaufnahme der Klinik.

Wir erhielten in persönlichen direkten Gesprächen Hinweise, dass hier ganz bewusst verunsichernde Gespräch geführt wurden um „die Spreu vom Weizen zu trennen".

„Ablehnungen erfolgen generell ohne Begründung", erklärte mir die zuständige Dame der Organisation am Telefon. „Entweder man ist bereit, das Kind, das die Organisation einem zuweist, anzunehmen oder man sei für eine Adoption nicht geeignet." Fast barsch ließ sie mich wissen: „Schließlich suchen wir Eltern für Kinder und nicht umgekehrt." Dabei sei es „natürlich richtig, dass es auch zu Vermittlungen von kranken und behinderten Kindern kommt, die schon etwas größer seien. Sie könnten eine Sonderschule oder die Waldorfschule besuchen" – und damit endete das Gespräch.

ENDE SEPTEMBER 1982

HOFFNUNGSSCHIMMER AUS GUATEMALA

Unsere ganze Hoffnung ruht nun auf Guatemala. Wir verschlingen alles, was wir über dieses Land und seine politische Situation erfahren können. Nur spärliche Informationen gibt es in Deutschland. Wir hören, dass alleine im September 1982 über neuntausend Maya-Nachkommen in Guatemala ermordet wurden oder dem Bombardement des Militärs zum Opfer fielen. Ich kenne den Krieg nur aus den Erzählungen meiner Eltern, aber die Bilder dazu liefert später das Fernsehen und die Vorstellung von Krieg ist grauenvoll.

Felicitas ist nun zwei Jahre alt und schwärmt auf Schritt und Tritt von ihrem „Swesterle". Sie redet gerne und verblüfft uns immer wieder mit schlagfertigen Begründungen und Antworten: „Ich kann nicht ins Bett, weil die Sonne auch nicht im Bett ist und schläft" und um das zu belegen, schleift sie uns auf den Balkon, bohrt den kleinen Zeigefinger bestimmend in die Luft und zeigt unbestechlich auf die tief stehende gelbrote Sonne am Horizont.

Sie sammelt nun frische Windeln und ist nachts trocken. „Die muss ich für meine Schwester haben, die braucht sie." Und diese Schätze stapeln sich bereits in beachtlicher Höhe in der Kinderzimmerecke, dort, wo die kleine Schwester im zweiten aufzustellenden Kinderbett bei ihr einquartiert wird. Und wehe, irgendjemand berührt oder vergreift sich an dem Windelberg.

PAPIERKRIEG

Eigentlich hatten wir bei der ersten Adoption bereits hautnah erfahren und erlebt, was es bedeutet, die angeforderten Papiere beizubringen. Aber das war wohl nur ein kleines Vorgeplänkel in Anbetracht dessen, was nun unaufhaltsam auf uns zurollte. Der Papierkrieg sollte uns mehr als herausfordern. Papierstress ohne Ende. Manchmal hatten wir das durchdringende Gefühl, nicht nur die Übersicht und den Überblick zu verlieren, sondern am Ende unserer Kräfte und unseres Durchhaltevermögens angekommen zu sein.

Nur nicht mutlos werden. Durchhalten. Das schaffen wir schon. Wer wird denn so kurz vor dem heiß begehrten Ziel schlappmachen oder aufgeben wollen? Wo war unser unbändiger Löwenmut, wo unsere Gewissheit, alles meistern zu können? War uns gar die Zuversicht klammheimlich abhandengekommen? Als mir diese Gedanken wie Geistesblitze durch den Kopf schossen, war es, als ob jemand urplötzlich raunte: „Wer nicht wagt, der gewinnt nicht. Wer wird sich von solchen Kleinigkeiten ins Bockshorn jagen lassen. So kurz vor dem ersehnten Ziel?"

Also, Papiere sammeln, übersetzen und beglaubigen lassen. Notartermine organisieren. Dann änderte Guatemala erneut die Adoptionsgesetzte. Nur nicht verzagen. Neustart, Neubeginn, nur nicht die Nerven verlieren. Alles wieder von vorne.

Geschafft. Wir gehen mit unseren Nerven zu Fuß. Doch dann haben wir die Neufassungen komplett zusammen.

3. OKTOBER

WEGE, DIE SICH KREUZEN

Maria de Jesus Lopez Garcia, etwa 25 Jahre alt, arbeitet als Dienstmädchen in Guatemala-Stadt. Sie ist im siebten Monat schwanger, der Vater des Kindes ist ein Mitglied ihres Arbeitgebers, den sie nicht nennen darf und wird. Wie die meisten Empleadas (Hausangestellte) arbeitet sie vom Morgengrauen bis spät in die Nacht bei ihrem „Patron" und der „Señora" im Haus. Viele Dienstmädchen stehen auch dem Liebesverlangen des Patrons oder den ersten sexuellen Erfahrungen der heranwachsenden Söhne der Familie zu Diensten. Auch dies gehört zu ihren Pflichten als „Chica".

Bisher ist es ihr gelungen, die Schwangerschaft unter ihrer bunt gewebten Indiotracht geschickt zu verbergen. Doch wie lange noch? Aber wohin mit diesem Kind, das unter ihrem Herzen wächst? Ein hellhäutiges Kind hat keine Chance. Soll sie es nach der Geburt aussetzen? Verschenken? Als Indigene ist sie sowieso nur ein Mensch zweiter Klasse. Und sie hat schon ihre weiteren Kinder bei ihrer Familie im Bergland an der Grenze zu San Salvador zurückgelassen. Noch ein Kind kann die Großfamilie nicht ernähren.

Marias Familie lebt im 22. Departement in der Region Jutiapa, in einem kleinen, abgelegenen Dorf an der Grenze zu El Salvator. Das wenige Land ist karg und wirft zu wenig ab, um alle satt zu machen. Es gibt keine Verkehrsmittel, nur Überlandbusse, und so müssen die Dorfbewohner stundenlange Fußmärsche zum nächsten Ort in Kauf nehmen.

Den fruchtbaren Boden ihrer Vorfahren haben einige Großgrundbesitzer „übernommen". Mitglieder ihrer Familie arbeiten in riesigen Kaffee-, Ananas- oder Bananenplantagen als billige Tagelöhner. In den Bananenplantagen sind sie zudem schutzlos den Insektengift sprühenden Kleinflugzeugen ausgesetzt. Wer krank wird oder stirbt, wird ausgewechselt.

Ihr Heimatdorf besteht aus einer Kirche, einem kleinen Marktplatz und ein paar einfachen Läden. Die Durchgangsstraße ist aus grobem Pflaster. Schmale steile Natur-Fußwege schlängeln sich die Berge hinauf und erreichen ihre ärmliche, einfache, kleine Hütte.

Einige Kleinbauern und Landarbeiter ihrer Familie gehören der Dorfgemeinschaft an. Bohnen und Maisfelder klettern zu beiden Seiten des Dorfes bergauf. Die Parzellen, die der Staat ihnen überlassen hat, sind winzig kleine, wenig fruchtbare Anbauflächen. Die Menschen sind bitterarm. Diesen einfachen Indiobauern ist die „Heiligkeit der Mutter Erde, die Pachamama" sehr wichtig.

Marias Familie besitzt 1,8 ha Bergland für die große Familie. Dabei verbrauchen sie in einer Woche etwa 45 kg Mais und Bohnen. Dafür müssten sie aber mehr Land erhalten. Dieses Stück heilige Erde reicht nicht für ihre Lebensgrundlage, den Maisanbau, aus. Ganz zu schweigen von dem Land, das sie für die Bohnen benötigen. Ihr ist bewusst, dass sie von dieser Parzelle nicht leben, höchstens überleben können.

Und jetzt soll noch ein Esser dazu kommen? Was soll sie tun? Ihr Kind soll leben und sie beschließt, den Rat einer befreundeten Empleada anzunehmen und eine Frau aufzusuchen, von der sie gehört hat, dass sie solche ungewollten Kinder an Ausländer zur Adoption vermitteln kann. Sie hat gehört, dass diese „Señora" gut ist, auch wenn sie zu den etwa 3 % Gringos, den Weißen gehört. Man hat ihr die fast unglaubliche Geschichte erzählt, dass diese Señora Medikamente und Hilfe anbietet und das Kind in einer Klinik geboren werden darf, ohne dass sie etwas dafür bezahlen muss.

Also beschließt sie, den langen Weg zu gehen. Und tatsächlich, die große, ruhige, freundliche, mitfühlende weiße Frau verspricht ihr, sich um sie zu kümmern und wenn sie möchte, für dieses Kind neue Eltern zu suchen. Ihr Name ist Ingrid.

Erleichtert macht Maria sich an diesem einzigen freien Wochenende im Monat mit dem klapprigen alten Bus auf den Weg in ihr Heimatdorf. Dort sind die Eltern und die große Familie erleichtert, als sie diese Nachricht vernehmen. Ihre Brüder arbeiten in der Kaffeeplantage, pflücken die Baumwollfelder leer oder schneiden mit den Macheten das mannshohe Zuckerrohr der Plantagenbesitzer im Umland. Sie hausen in kleinen Hütten aus Bambus und mit Blätterdächern am Rande der Plantagen. Zehn Stunden Knochenarbeit pro Tag, nur ein Hungerlohn wird ihnen für diese Sklavenarbeit ausbezahlt.

Früher, ja früher, da kannte man keine „verlorenen Kinder". Damals waren sie das Heiligste, was eine Familie besaß, denn sie wussten, dass von ihrem Kinderreichtum ihr Weiterleben abhing. Kinder als Alterssicherung.

Heute ist alles verändert, verdreht, umgekehrt. Heute sind blutige Auseinandersetzungen zwischen Militär und Guerillas an der Tagesordnung. Die Militärdiktaturen lösen sich ab, aber die Schreckensherrschaft nimmt ständig zu und wird schlimmer.

Das Maya-Volk steht dagegen auf. Es regt sich Widerstand. Die Landarbeiter bewaffnen sich, die Bauern wehren sich mit Landbesetzungen. Doch das Militär walzt alles nieder.

Ein benachbartes Dorf wird wie schon unzählige andere Dörfer verwüstet und bleibt als verbrannte Erde zurück. Noch bevor die Vögel den Morgen begrüßen und die Hunde erwachen, zerreißen Gewehrschüsse die Stille. Die Bewohner wurden in die kleine Kirche getrieben, die die Soldaten anzünden, berichtet ein Überlebender. Die Familie weiß von den Mörderbanden, den Todesschwadronen, die unendliches Leid anrichten und Angst und Schrecken verbreiten. Die Regierung nennt dies „Säuberungsaktionen" und kaschiert eine gnadenlose Vernichtung der indianischen Bevölkerung.

Viele Familien fürchten sich vor diesen marodierenden Soldaten. Diese behaupten, die Dorfbewohner würden Guerilleros verstecken und ernähren. Und deshalb steht ihnen das Recht zu, verbrannte Erde zu hinterlassen und diese „Verräter" zu liquidieren – auch Frauen, Alte, Kinder und Säuglinge.

So nächtigen die Familien in den Bergen und schleichen sich tagsüber wie Diebe zu ihren Feldern und Tieren zurück. Oft genug kommen im Schutze der Nacht die Soldaten und leisten ganze Arbeit. Die Häuser sind ausgeplündert, die wenigen Habseligkeiten gestohlen, die Tiere geraubt. Alles wird angezündet, vernichtet und Menschen ohne Lebensgrundlage bleiben zurück. Selbst die Felder werden nicht verschont, sie werden abgebrannt.

Am Ortseingang stellen die Dorfbewohner tagsüber Wachen auf, die Alarm geben können. Sie schützen das Dorf und müssen es im Notfall verteidigen.

Jetzt steht von November bis April die Trockenzeit bevor. Dann, so hoffen alle, kehrt Ruhe in die Holzhütten mit ihren Stroh- oder Palmdächern ein. Maria ist froh, dass sie nach einem langen und beschwerlichen Fußmarsch ihr Dorf unversehrt vor sich liegen sieht.

Ihre Familie redet ihr gut zu, ihrem ungeborenen Kind eine Lebenschance einzuräumen, denn wenn die Herrschaft in Guatemala-Stadt etwas von dieser Schwangerschaft erfährt, wird sie wie eine lästige Fliege aus dem Haus gejagt. Noch hat sie Zeit, sich alles zu überlegen, um eine ungeheuer wichtige Entscheidung zu treffen.

Nach Guatemala-Stadt zurückgekehrt, ist es sehr spät am Abend. Auf den Stufen der Kathedrale im Stadtzentrum liegen schlafende Kinder wie „Abfallhaufen", so bezeichnet die Presse diese Kinder, ihre Kinder. Andere suchen Schutz und drängen sich an den Hauswänden entlang, mit dünnem Zeitungspapier notdürftig zugedeckt. In Kartons schlafen die Kleinsten. Nein, diese Zukunft möchte sie ihrem Kind nicht zumuten.

In einer Nebenstraße tauchen gerade Polizisten auf. Ein gellender Pfiff zerreißt die Nacht, irgendein Straßenkind hat die Gefahr nicht rechtzeitig entdeckt. Es wird erschossen.

Schatten huschen durch die Dunkelheit und verschwinden zwischen den Häusern. Noch einmal Glück gehabt. Maria weiß, dass die Polizei nicht zimperlich ist. Die Erwischten, auch Kinder, werden geschlagen, getreten, gefoltert, eingesperrt. Und niemand weint ihnen eine Träne nach.

Was sollen diese „streunenden", elternlosen Kinder tun? Viele werden drogenabhängig, schnüffeln Klebstoff, der ihre Lungen verätzt, andere sind alkoholgeschädigt. Kinder ohne Zukunft.

Wenn Maria einmal etwas spät zum Markt kommt, um Gemüse für die Herrschaft einzukaufen, krampft sich ihr Herz zusammen. Sie sieht, wie die Kinder auf der Lauer liegen, um nach Marktschluss zwischen dem Abfall und den verdorbenen, zertretenen Lebensmitteln nach Essbarem zu wühlen. Sie prügeln sich um die besten Stücke, dabei sind die Kleinsten noch nicht einmal vier Jahre alt. Selbst um Kleidung wird gekämpft, denn Kleidungsstücke sind ein Schatz, für den es sich lohnt, nicht nur zu kämpfen, sondern notfalls auch eine Straftat zu begehen mit der Aussicht, dabei erschossen zu werden.

Maria kennt das. Es ist Alltag in Guatemala. Heute aber sieht sie alles mit anderen Augen. Vielleicht hat ihr Kind eine neue Chance, eine neue Zukunft. Vielleicht.

DIE BOTSCHAFT IN BONN ALS GEBURTSHELFER

Heute ist unser Hochzeitstag und passend zum Fest teilt uns die guatemaltekische Botschaft in Bonn mit, dass alle unsere neu eingereichten Papiere perfekt sind. Die Botschafterin wird sie umgehend bearbeiten – sie sind ja schon übersetzt, durch das Amtsgericht legalisiert, das Landgericht in Stuttgart hat sie beglaubigt und nun fehlen nur noch die Stempel der Botschaft. Aus einer Antragsseite werden blitzschnell bis zu fünf Antragsseiten.

Wir sind maßlos erleichtert und überglücklich. Und wieder ist „unser" Kind näher gerückt und endlich darf sich der heimliche Gedanke, dass wir erneut Eltern werden dürfen, in unseren Herzen und Gefühlen vorsichtig einnisten. Ich krame die Babysachen hervor, atme ihren Duft ein, drücke sie an mein Gesicht und eine große Sehnsucht nach unserem Kind umfängt mich. Es hat noch kein Gesicht, aber dennoch tief in mir seinen Platz erobert.

AM 17. 10. 1982

Ein großer, brauner dicker Briefumschlag lugt aus der Briefkastenklappe hervor. Aufgeregt ziehe ich ihn durch den Schlitz. Innen den Kasten zu öffnen dauert viel zu lange. „Botschaft Guatemala" prangt oben rechts der Stempel neben der Briefmarke.

Die Papiere, lang ersehnt und heimlich herbeigewünscht, kann ich fast körperlich spüren. Abends breiten wir sie wie die größten, kostbarsten Schätze der Welt auf dem runden, weißen Tisch aus. Siegfried schnappt sich die Liste und nach jedem angeforderten Papier, das ich auf den immer höher werdenden Papierstapel rechts von mir ablege, signalisiert der blaue Stift ein „Geschafft“. Alle Papiere sind vorhanden. Ein Felsengebirge stürzt von unserer Seele. Und wieder einmal vollführen wir zu dritt einen nicht ganz leisen Indianertanz um den Tisch herum auf.

Am nächsten Tag rufe ich in Bonn an und bedanke mich persönlich bei der Botschafterin. Bei der Post sind wir nun schon Dauergäste und Felicitas muss sich ordentlich am Schalter recken, um den schweren, kostbaren Brief nach Guatemala dem Beamten auszuhändigen. Er wird mit vielen bunten Briefmarken geschmückt, dann haut der Mann hinter dem Schalter mehrmals laut und kräftig den Poststempel darauf und mit einem hörbaren „plumps“ fällt er in den bereitstehenden Postsack. „Komm gut an“, raune ich stumm.

Um sicherzugehen, werden drei Tage später alle Papiere als beglaubigte Fotokopien ebenfalls über den Großen Teich geschickt.

FREITAG, 29. 10. 1982

GESPRÄCH ÜBER DEN ATLANTIK

Das Telefon schreckt uns auf. Ein kurzer Blick zur Uhr: 21 Uhr. Aus Guatemala lausche ich angespannt und dann maßlos erleichtert der freudigen, hellen und aufgeregten Stimme von Ingrid. „Die Papiere sind angekommen, das Gericht in Guatemala erkennt alle Papiere an.“ Mir sitzt ein dicker Kloß im Hals. Welch erlösende Nachricht. Es ist das kürzeste Adoptionstelefonat, das ich je geführt habe. Und dann laufen mir einfach dir Tränen über die Wangen und gleichzeitig lächle ich und stammle nur noch „Alles ok“ und falle in Siegfrieds Arme. In dieser Nacht sinken wir in einen tiefen, erschöpften, traumlosen Schlaf.

Nach 26 Monaten, welch lange Geburtsvorbereitung, wird uns das Schicksal einen zweiten Sonnenschein nach Deutschland schicken.

OKTOBER

ERNEUTE NOTARSUCHE

Draußen fallen die rotbraunen Blätter sachte auf die Erde. Der Herbst kündigt sich mit Regen und Sturmböen an. Überraschend türmen sich neue Probleme wie Gewitterwolken auf. Das dritte Poder für den dritten von Guatemala bestimmten Adoptionsanwalt kann der Notar nicht abzeichnen. Es ist die Vollmacht, dass der namentlich genannte Rechtsanwalt in Guatemala in unserem Namen die Adoption bei allen Ämtern und Gerichten durchführen darf. Was vorher problemlos möglich war, soll nun nicht mehr möglich sein. Für uns steht die Welt Kopf. „Nach den deutschen Vorschriften geht dies erst, wenn das Baby in Deutschland ankommt", lässt man mich auf dem Notariat wissen. Keine Chance. Entsetzt, fassungslos, ratlos, wütend kehre ich mit der nicht unterzeichneten Vollmacht nach Hause zurück. Was nun?

AM 1. NOVEMBER 1982

Und wieder ein Anruf bei Ingrid in Guatemala. Dieses Mal bin ich völlig verzweifelt und aufgelöst. Dann höre ich die beruhigende Stimme: „Mach dir keine Sorgen, wir senden euch mit einer Familie eine überarbeitete neue Vollmacht zu." Aus Guatemala kehrt eine glückliche Adoptionsfamilie zurück. Sie haben im Reisegepäck Post für uns dabei. Ein neuer Rechtsanwalt, der vierte, wird vom Gericht bestimmt und ein neues Poder ist für uns dabei.

Die Botschaft lässt uns umgehend wissen, dass es mit diesem Rechtsanwalt keine Probleme geben wird, er auch in der

Botschaft anerkannt ist und eine hervorragende, menschliche und engagierte Arbeit leistet. Damit sind alle Schwierigkeiten wie weggeblasen und vom Winde verweht. Der sechste Notar ist bereit, den deutschen Text zuzulassen und unsere Unterschriften darunter zu beurkunden. Wir sind nur noch erleichtert, trauen uns aber nicht, uns zu freuen. Dieses Mal werden wir richtig hart und unerbittlich geprüft, ob wir es wert sind, einem zweiten Kind eine Chance zu geben.

AM 21. NOVEMBER 1982

WIR KRIEGEN EIN BABY

Und wieder ist ein Luftpostbrief zu entdecken. Ich zögere, ihn herauszunehmen. Das kann nur eine schlechte Nachricht sein. Am Absender erkenne ich blitzschnell, dass er vom Notar in Guatemala kommt. Angst beschleicht mich. Meine Hände sind eiskalt. Verzweifelt und mutig öffne ich langsam und vorsichtig den Umschlag. Der Brief ist kurz, sachlich, nur wenige Zeilen lang, ein Männerbrief eben. Wir erhalten grünes Licht, die Adoption nimmt ihren Anfang. Felicitas und ich fassen uns an den Händen und tanzen im Zimmer herum. „Wir kriegen ein Baby", brüllt Felicitas wie ein Grammophon, dessen Schallplatte einen Riss hat. Sofort den Papa anrufen. „Wir kriegen ein Baby", schreit Felicitas ins Telefon, das Siegfried sicher meilenweit den Hörer vom Ohr weghalten muss.

Ich muss mir richtig Mühe geben, nun auch den Telefonhörer zu bekommen. Doch Siegfried ist realistischer als wir zwei verrückten Hühner. Er ermahnt uns beide, nun nicht himmelhochjauchzend zu reagieren. Wer weiß, ob es klappt.

Die bitteren Enttäuschungen und Ablehnungen der letzten Monate haben uns sehr verunsichert, uns wütend und traurig gemacht, uns Hoffnungen suggeriert, um uns dann in ein abgrundtiefes Loch der Realität fallen zu lassen.

Doch ich bin unvernünftig und nicht mehr zu bremsen. Umgehend informiere ich das Jugendamt in Kirchheim und die Sachbearbeiterin bietet uns Unterstützung an. Vor einem Jahr noch unvorstellbar, denn Auslandsadoptionen wurden nicht unterstützt. Im Gegenteil. Und nun dieser Wandel. Unglaublich. Fast zu schön, um wahr zu sein.

Langsam nisten sich in mir Gedanken und Empfindungen ein, die mir eiskalt und heiß zugleich über den Rücken rieseln. Endlich am Ziel der Träume, vom Traum zur Wirklichkeit ist es nur noch ein kleiner winziger Schritt. Ich male mir in Gedanken aus, wie großartig und unvergleichlich schön es ein würde, einen Nachfahren des berühmten Maya-Volkes in unsere kleine Familie aufzunehmen. Ein Inka-Mädchen und ein Maya-Mädchen –, ein umwerfendes, verblüffendes und überraschendes, fast verbotenes Gefühl. Es ist, als ob sich geheimnisvolle, unerklärliche Spuren kreuzen. Am Ende eines langen Weges.

AM 24. NOVEMBER 1982

DER LETZTE BAUSTEIN

Nun geht alles ziemlich rasch. Die Hektik ist fast abgefallen, die Anspannung bleibt. Nur noch positiv mit einem unerschütterlichen Glauben nach vorne sehen. In uns kämpft der Kopf mit einem klaren, messerscharfen Verstand, der uns ins Ohr flüstert: „Nun wird alles gut, nichts kann mehr schief gehen" und gleichzeitig meldet sich das warnende Bauchgefühl: „Hoffentlich geht alles gut. Noch habt ihr kein Kind."

Die guatemaltekische Botschaft schickt uns umgehend das neue beglaubigte Poder zu. Es ist der letzte, aber unendlich wichtige Baustein für die Adoption. Ganze Felsblöcke fallen uns vom Herzen, wir sind maßlos erleichtert. Ein Antwortbrief wird sofort auf den Postweg gebracht und ich bedanke mich – auf Spanisch – bei dem Rechtsanwalt für sein Engagement.

WER IST

INGRID DE CHAVARRIA?

Für die hiesigen Ämter müssen wir eine Art Lebenslauf und Auskünfte über Ingrid de Chavarria, die uns noch unbekannte Frau in Guatemala vorlegen, damit alles rechtens ist.

Sie schreibt uns dann:

„Mein Mann Julio, geboren 1943, arbeitet als Ingenieur. Ich bin Innenarchitektin, dreißig Jahre alt, am 01. April 1952 geboren, seit 1974 verheiratet und wir haben 1977 und 1982 zwei Buben adoptiert. Aber wir können dies unseren Kindern nicht sagen, das geht in Guatemala nicht. Sie hätten damit große Probleme und so ist dies ein Familiengeheimnis. Mein Vater stammt aus Bad Langensalza in Thüringen, und mit ihm besuchte ich, als ich elf Jahre alt war Deutschland. Beruflich habe ich nach dem Abitur an der deutschen Schule in Guatemala-Stadt Innenarchitektur studiert sowie am Seminario Teologico Centroamericano ein zweijähriges Studium absolviert. Ich bin seit 1985 außerdem Mitglied am Centro Biblico el Camino (bis 2008). Ich bin sehr gläubig. Weitere Auskünfte können über das deutsche Konsulat in Guatemala-Stadt eingeholt werden."

UND INGRID ERGÄNZT

„Von den jährlich rund 900 Adoptionen guatemaltekischer Kinder durch ausländische Paare in Guatemala werden etwa 500 an Adoptiveltern in den USA vermittelt. Die deutsche Botschaft ist mit etwa zehn bis zwanzig Adoptionen im Jahr beschäftigt.

Bei einer Adoption gewinnen alle: Der Notar und die Gerichte, die Devisen verdienen, die leibliche Mutter, für die das Kind oft eine lebensbedrohende Situation durch bittere Armut und ihre persönlichen Lebensumstände ist, die Adoptiveltern, die sich einen Herzenswunsch erfüllen, aber vor allem gewinnt das Kind. Innerhalb der guatemaltekischen Gesellschaft kommt es nur selten zu Adoptionen, denn die Öffentlichkeit hat eine negative Einstellung gegenüber Adoptionen.

Ich arbeite nur mit schwangeren Frauen, die zu mir kommen, weil sie in Not sind, zusammen. Viele haben keinen Mann, kein richtiges Zuhause oder bereits mehrere Kinder. Hin und wieder betreue ich auch ein dreizehnjähriges, schwangeres Mädchen.

Sobald das Kind geboren ist und die leibliche Mutter ihr Einverständnis zur Adoption gegeben hat, wird das Baby einer Pflegefamilie übergeben, die die Versorgung übernimmt bis der Anwalt die aufwendige Papierarbeit erledigt hat. Die meisten Kinder reisen etwa sechs Monate nach der Geburt aus nach Baden-Württemberg, begleitet von mir. Ich genieße es auch sehr, alle meine anderen Kinder hier zu besuchen, die ich bisher mitgebracht habe. Es ist unglaublich schön zu sehen, wie es den Kindern und ihren Familien geht. In den zurückliegenden 18 Jahren fanden über mich 20 Kinder neue Eltern. Und wenn ich so wie heute nach Deutschland komme, erwarten mich die frischgebackenen, die bisherigen und auch zukünftige Adoptiveltern – oder Eltern wünschen sich noch ein Brüderchen oder Schwesterchen für ihr erstes Adoptivkind.“

Wenige Wochen später stirbt sie an Krebs. „Ich bewunderte an Ingrid besonders ihre Einfachheit, Ehrbarkeit, ihren unerschütterlichen Glauben, ihr Vertrauen in Gott und ihr aktives Engagement in der Adoptionshilfe" schreibt Julio uns nach ihrem viel zu frühen Tod.

NACHTRAG 2010

DURCH IHREN EHEMANN JULIO

Ingrid Stella Krause Forno trägt als junge Speerwerferin 1969 in San Jose de Costa Rica für die guatemaltekische Sportdelegation das Landesschild ins Stadion, belegt im Speerwerfen den 20. Platz im Guatemala Tournament und im Tennis erringt sie den 10. Platz in der Kategorie C. Ingrid spielt auch Tischtennis, muss jedoch 1972 wegen Verletzungen den Sport aufgeben. Am liebsten liest Ingrid in der Bibel. Literatur des russischen Schriftstellers Tolstoi spricht sie ganz besonders an. Sie lässt sich von der Musik Mozarts, Beethovens und Dvoraks verzaubern und kann sich dabei wunderschön entspannen. Ingrid ist ihr Beruf als Dekorateurin sehr wichtig, hier kann sie kreativ gestalten. Sie malt sogar selbst und stellt ihre Bilder aus. Ihre Lieblingsfarbe ist Dunkel-Violett. Einen guten Wein, frische Salate und Früchte genießt sie besonders gerne. In ihrem großen Garten gedeihen ihre Lieblingsblumen, Rosen.

GEBET

In den letzten Wochen ist es Maria zum ersten Mal in ihrem Leben gut gegangen. Señora Ingrid hat für frisches Obst und ordentliches Essen gesorgt. Zum ersten Mal in ihrem Leben war sie bei einem Arzt. Er hat ihr Medikamente verschrieben und sie weiß, dass sie im Hospital ihr Kind zur Welt bringen darf.

Maria ist sehr religiös. Sie geht langsam und schweren Schrittes, leicht vorgebeugt, über den großen weiten Altstadtplatz, den Plaza Mayor zu der 1782 erbauten Catedral Metropolitana, die an der Ostseite des großen freien Versammlungsplatzes liegt. Zwei hohe Türme begrenzen die Kathedrale. Sie öffnet das große Portal in der Mitte, Orgelklänge umfangen sie. Die deutsche Orgel wurde 1937 eingebaut und irgendjemand entlockt ihr wunderschöne, beruhigende Musik. Sie geht an den vielen Gemälden und Skulpturen, die aus den zerstörten Kathedralen der früheren Hauptstadt Antigua stammen und nach dem schweren Erdbeben 1773 (mit 20.000 Toten) hier ein neues Zuhause fanden, vorbei und durchquert den Kirchenraum bis vor den Altar.

Für ihre letzten Quetzales kauft sie eine Kerze, zündet sie im dunklen Kirchenschiff an den dicht gedrängten Kerzen der Bittenden an und trägt das flackernde Licht zu den vielen anderen brennenden Kerzen. Bedächtig kniet sie nieder und bittet um Frieden, Versöhnung, Gerechtigkeit. Sie bittet für ihr ungeborenes Kind, das sich regt und ihr signalisiert, dass es bald das Licht der Welt erblicken wird.

Maria ist froh, dass sich die Kirche heute für die Armen und in Not Geratene einsetzt und sich um sie kümmert. Früher hat selbst die Kirche den Indios ihr Land enteignet und Arbeits- und Sklaventum hingenommen, ohne etwas dagegen zu unternehmen. Die Kirche wurde zum willigen Anhängsel der Kolonialmacht, die auch die Macht über die Religiosität der Indios einforderte.

Heute engagiert sich die Kirche vielleicht auch, um die begangenen Fehler auszubügeln. Heute bindet die Kirche in ersten angedeuteten Schritten die Kultur und Religion der Maya mit ein. Die Kirche in Guatemala bemüht sich, den Gläubigen ein indianisches Gesicht zu geben. Tradition, christlicher Glaube und die mythischen Vorstellungen sollen verknüpft, miteinander verwoben, bewusster eingebunden und zugelassen werden.

Maria hört aber auch von den Todeslisten gegenüber Lehrern, Katecheten und Priestern. Wer in Guatemala soziale Reformen anstrebt, die Ungerechtigkeiten der Landverteilung anprangert oder gutes Land für Indiobauern anmahnt, wird mit dem Tod bedroht. Wer sich einsetzt, die Würde aller Menschen zu fordern, den täglichen Überlebenskampf menschlicher gestalten möchte, hat oft sein eigenes Todesurteil gewählt.

Maria schaut sich um, ehe sie im Nebenraum der Kirche verschwindet, um mit einem Priester zu sprechen und sich Rat zu holen. Denn entscheiden muss sie sich bald. Sehr bald. Vielleicht zu bald.

GUATEMALA AM DIENSTAG, 7. DEZEMBER 1982

EIN KIND ERBLICKT DAS LICHT DER WELT

Die Wehen kommen nun in kurzen Abständen. Es ist höchste Zeit, das Hospital aufzusuchen. Aber möchte Maria diesen Schritt wirklich tun? Sie steht vor der größten Entscheidung ihres Lebens. Geht sie ins Hospital, hat sie sich für die Adoption entschieden. Geht sie nicht, ist ihr klar, dass ihr Kind nicht genug Nahrung erhält, dass es unterernährt sein wird wie fast alle Kinder. Dass nur jedes dritte Kind zunächst überlebt, weiß sie.

Soll sie deshalb die Schmerzen der Geburt auf sich nehmen? Für eine fremde weiße Frau, irgendwo? Für das Leben ihres Kindes?

Und wenn sie ihr Kind behält, wird es nie eine Schule besuchen können. Maria kann nicht lesen und schreiben und muss deshalb diese schlecht bezahlte Arbeit verrichten. Sie weiß, dass besonders Indiokinder kaum die Schulbank drücken können, es fehlt das Schulgeld und die Kinder müssen arbeiten, damit ihre Familien überleben können. Und die wenigen, die es schaffen zur Schule zu gehen, brechen nach zwei, drei Jahren ab, um zu arbeiten. Ein Indio darf den Tag weder vertrödeln, verschlafen noch verträumen.

Nur ein Drittel der Indios hat einen mehr oder weniger festen Arbeitsplatz. Der Mindestlohn von einem Dollar am Tag ist reine Illusion. Wenn sie wirklich 25 Dollar Monatsgehalt hätten, wie dies verkündet wird, wäre dies fürstlich. Das verdient man in guten Berufen, die einen Schulbesuch voraussetzen. Ein unlösbares Dilemma. Was Maria nicht ahnt: Ihre Lebenserwartung als Indigene liegt bei nur 43 Jahren.

Das lange Gespräch in der Kathedrale mit dem Priester beschäftigt sie sehr. Er hat ihr in einfachen Worten die Zukunft ihres noch ungeborenen Kindes und ihre eigenen Möglichkeiten erklärt und geschildert. Ihr Herz rät ihr, diesen schweren Weg zum Wohle ihres Kindes zu beschreiten. Sie wünscht sich für ihr Kind ein besseres Leben. Deshalb steuert sie auf das Hospital zu und bringt dort wenige Stunden später ein kleines, gesundes, hellhäutiges Mädchen zur Welt.

Die Geburt verläuft ohne Komplikationen und rasch. Maria darf sich einen Tag erholen. Sie hat Zeit, über ihr eigenes und das Schicksal des Kindes nachzugrübeln, um dann die Entscheidung zu fällen. Wie hatte der Rechtsanwalt versichert? Sie könne bis zum Gerichtstermin ihre Adoptionseinwilligung noch zurückziehen, wenn ihre Familie in den Bergen das Kind großziehen möchte. Noch ist nichts endgültig entschieden. Noch kann sie alles rückgängig machen, ihr Kind in die Arme schließen und weggehen. So einfach ist das.

ERSTER OFFIZIELLER

ADOPTIONSSCHRITT

Maria hat einen Termin beim Rechtsanwalt. Nach einem langen Gespräch entscheidet sie sich, ihr Kind einer fremden Familie anzuvertrauen. Sie unterschreibt die Adoptionspapiere bei Gericht. Maria ist unendlich traurig und gleichzeitig auch froh, diesen Weg einzuschlagen. Ihrem noch nicht geborenen Kind zuliebe. Nun läuft das Adoptionsverfahren. Ingrid kümmert sich liebevoll um Maria, versorgt sie und unterstützt sie. Maria möchte keine weiteren Kinder haben. Auch dafür wird es eine medizinische Lösung geben. Nach Abschluss der Adoption wurde Maria dieser Wunsch erfüllt.

Wenige Monate später werden sich ihre Spuren im Bürgerkriegschaos verlieren.

DONNERSTAG, 09. DEZEMBER 1982

DAS ZWEITE WUNDER

Wieder klingelt Punkt 21:15 Uhr unser orangerotes Telefon. Jeder, der uns kennt, wurde mit einem strikten Anrufverbot ab 20:00 Uhr belegt. Die Telefonleitung musst unbedingt freigehalten werden. Also, wenn sich jeder daran hielt, konnte das nur ein Anruf aus Mittelamerika sein, oder? Einerseits sehnen wir uns nach dem Klingelzeichen aus Guatemala, andererseits hämmert mein Herz jedes Mal ängstlich und zum Zerspringen angespannt. Wenn, wie in diesem Augenblick, das Telefon so fordernd schrillt, macht uns dieses Wunder der Technik unbegründet Angst.

Felicitas macht gerade ihre königliche Thronsitzung auf der Toilette und wir malen uns aus, wie es sein wird, wenn das ersehnte Geschwister da ist. Dieses Thema ist für Felicitas ungeheuer spannend und so dauern diese Sitzungen naturgemäß ihre Zeit. Und dabei möchte sie zum tausendsten Mal hören, wie sie zu uns gekommen ist. Und wehe, ich lasse ein Wort aus oder vergesse etwas. Da ist unsere Tochter ein strenger Lehrmeister und unerbittlicher Geschichtenschreiber. So nimmt Siegfried den Hörer ab und meldet sich. Mit fast erstarrtem, steinernem Gesicht und einem hilflosen Winken zerrt er das Telefonkabel bis zur Badezimmertür. „Komm" war alles, was ihm entfuhr, aber es klang seltsam und fremd, unwirklich, so ganz anders, irgendwie alarmierend.

Das konnte doch nur ...?! Du meine Güte, ich flog zum Telefon „Hallo Gabriele, hier ist Ingrid" – dann das Sprechecho – „Herzlichen Glückwunsch zu eurer Desiree." Das Echo, das Rauschen in der Leitung vermischt sich wirbelnd mit meinem Gedankenchaos. Ich verstehe fast nichts. „Was?", rufe ich ins Telefon. „Ingrid, wiederhole bitte" Wortfetzen dringen durch ... Tage alt ... 50 cm groß ... gesund ... schwarze Augen". In der Leitung knackt und rauschtes. Dann ist die Stimme am anderen Ende der Welt fast weg. Dazwischen mischt sich ein unbekannter Teilnehmer. Dann ist es still. „Ingrid?" rufe ich fast flehentlich. Ich schüttle völlig unvernünftig den Hörer. Die Leitung steht wieder. „Hallo Gabriele, Desiree ist zwei Tage alt, wunderschön, hat schwarze Augen und ist gesund. Schick mir das Geld für die Flüge."

Vor Aufregung notiere ich die Kontonummer viermal falsch. Meine Stimme ist unnatürlich hoch, piepsig. O Gott, die Welt steht still. Ich glaube, ich habe vergessen zu atmen. Irgendwie stehe ich wie erstarrt, hölzern da. Ich kann nicht klar denken. Dann wird das Meeresrauschen in der Leitung so stark, ich verstehe nichts mehr. Stimmengewirr. „Danke, danke!"

Wie nach einem Marathonlauf lege ich atemlos den Hörer auf. Ganz behutsam. So als wäre er aus Glas. Dann falle ich dem frisch gebackenen Vater um den Hals, der wie festgewachsen auf dem Sofa im Wohnzimmer verharrt. Unser zweiter Sonnenschein lebt. Unsere Welt steht kopf, sie hat sich schlagartig verändert. Obwohl wir diese Nachricht so sehnsüchtig erwarteten, trifft sie uns wie ein Blitz aus heiterem Himmel. Alles ist unfassbar, unbegreiflich.

Plötzlich geht die Tür auf. Mit herunterbaumelnder Unterhose und breitem Seemannsgang steht Felicitas vor uns. Wir hatten sie völlig vergessen. Unser „Wuschel" schaut uns strahlend an „Holen wir Desiree jetzt gleich?". Dass dies noch etwas dauern würde, schien ihr unverständlich, ja absurd. Wieselflink trabt sie ins Kinderzimmer, kontrolliert, ob die gehorteten Windeln auch wirklich noch alle da sind, klettert hochzufrieden zwischen den losgelösten Gitterstäben in ihr Kinderbett. „Tuss für Desiree" und drückt einen lauten, feuchten, schmatzenden Kuss auf ihre Patschhand. „Abdesickt für Desiree" kichert sie zufrieden, rollt sich zur Seite, den Kuschelbär fest an sich gedrückt und gleitet in das Reich der Wunschträume. Unseren Gute-Nacht-Kuss spürt sie wohl nicht mehr.

Siegfried muss vor Aufregung an die frische Luft und läuft erst mal um den Häuserblock. Verdauen, alles auf sich wirken lassen, verinnerlichen, klare Gedanken fassen, dieser Nachricht einen Platz in sich selbst einräumen. Unser Kind ist da.

In dieser Nacht schrecke ich immer wieder hoch. Ich will es ja glauben, aber die Albträume kämpfen mit den Glücksboten. Realität und Wissen stehen auf gegen die Wunschträume, Sehnsüchte, monatelangen Hoffnungen, Gefühlschaos und unser unfassbares Glück.

Irgendwann falte ich meine Hände, ganz still ist es in mir. „Danke lieber Gott für all deine Güte – und beschütze unser kleines Mädchen im fernen Guatemala" und dann kann ich ruhig schlafen. Am anderen Morgen erfasst mich mit voller Wucht die ganze volle Wahrheit. Ich heule einfach so. Der Gedanke an die kleine Tochter wirft mich aus dem Gleichgewicht, bringt mich aus der Fassung. Es ist kein Traum, dort über dem Teich atmet, lebt, weint unsere kleine Tochter – so weit weg von uns.

Und so verabschiedet sich dieses Jahr – mit einem lauten, ungeheuren Überraschungsknall und dem einschneidenden und schönsten Erlebnis seit der Geburt von Felicitas: Unsere kleine Tochter hat in Mittelamerika in Guatemala-Stadt das Licht der Welt erblickt. Welch ein Weihnachtsgeschenk.

Wenige Tage später erfahren wir in einem Brief aus Guatemala Näheres: Desiree ist am 7. Dezember 1982 geboren und wird von einer vom Jugendamt zugelassenen Familie liebevoll gepflegt, denn Ingrid darf als Vermittlerin nicht selbst die Kleine betreuen. Ingrid besucht die Familie jedoch täglich.

Drei Monate später, als Desiree dann Ingrid zur Ausreise übergeben werden soll, kann sich die Pflegefamilie kaum trennen und am Flughafen gibt es bittere Tränen des Abschieds.

Die erste Geldüberweisung über die First National Bank in Miami in Guatemala City kommt nicht an. Der Schrecken fährt uns in alle Glieder. Unsere Bank fahndet nach dem Geld – und es taucht wieder auf. Drei Wochen später plündern wir erneut unser Konto, um die Gerichts- und Anwaltskosten zu begleichen.

AM 12. JANUAR 1983

DAS ERSTE FOTO

Mit großem Herzklopfen öffne ich den Luftpostbrief aus Guatemala. Das erste Polaroid-Foto unserer kleinen Tochter. Fragende, schwarze Augen blinzeln in die Sonne, jemand hält schützend die Hand über das Köpfchen und schwarze Flaumhaare sind zu erkennen. Unser Kind gibt es wirklich. Der erste Beweis zittert in meinen Händen. Das Foto zieht mir fast den Boden unter den Füssen weg. Ich kann es nur unverwandt ansehen und mir selbst ganz leise bestätigend und Mut machend zuflüstern: „Sie ist da. Sie ist wirklich da. Desiree ist Wirklichkeit."

Felicitas hat wieder ihre seismografischen Antennen ausgefahren. Sie schaut mich stumm an, weil ich so lange und versunken ein unbekanntes Bild betrachte. „Auch mal sehen" – und blitzschnell entreißt sie mir das Foto, schaut unverwandt und lange darauf, drückt das Foto kurz an den kleinen feuchten Kindermund und ruft jubelnd: „Die Desiree ist da!"

Am Fenster lauert sie bis Papa kurz nach siebzehn Uhr an die Garage fährt. Sie will ihm das Foto zeigen. An der Tür empfängt sie ihn freudestrahlend: „Die Desiree ist da. Guck" und hält ihm völlig unvorbereitet das Foto unter die Nase.

Siegfried betrachtet das Foto seiner neugeborenen Tochter. Dann schaut er Felicitas an. Ganz still. Es dauert lange, bis sein Blick sich von seiner ihn fragend blickenden Tochter löst. Lange sagt er nichts. Dann nur: „Unser Knöpfle." In diesen zwei kleinen Koseworten liegt alles Glück der Erde. Als wir neugebackenen Eltern uns umarmen, protestiert Felicitas sehr energisch, drängt sich platzschaffend zwischen uns und meint. „Will auch mitmachen."

Felicitas ist hell begeistert. Seit sie weiß, dass es in Guatemala die heiß ersehnte kleine Schwester gibt, hat sich das Zu-Bett-Geh-Ritual gewandelt. Sie spielt dann die kleine Desiree und Papa muss den Herrn Chavarria spielen und ihre zwei Puppen sind dann Frau Chavarrias kleine Buben. Mir wird die Rolle von Frau Chavarria zuerkannt und meine Aufgabe besteht darin, dass ich dann das neue Baby ganz arg drücken muss und mich schrecklich über die kleine Desiree zu freuen habe. Dann werde ich aufgefordert, „Schlaf, Desiree schlaf" zu singen. Unvermittelt schlüpft sie zurück in ihr Leben und wir müssen ihr als große Tochter Felicitas „Gute Nacht" wünschen. Das Foto der neuen kleinen Schwester erhält natürlich auch ein „Schlafküsschen".

Mit dem Kindertelefon führt Felicitas täglich viele imaginäre Telefonate. Sie wählt unendlich lange, weil „Gatemala" ja so weit weg ist. Dann beschwert sie sich mit undurchdringlicher, ernster Mimik, warum sie denn so lange auf ihre Desiree warten muss und ob sie ja auch wirklich ganz gesund ist.

SCHRECKENSBOTSCHAFT

Die Schreckensbotschaft folgt unmittelbar: Die Vollmacht für den Rechtsanwalt ist verloren gegangen. Wir erstarren zur Salzsäule. Was nun? Die Botschaft ist sofort bereit, ihre Kopie zu beglaubigen. Anruf in Guatemala: Nein, wir müssen eine neue Vollmacht ausstellen lassen. Der Staat akzeptiert keine beglaubigte Kopie, nicht einmal von ihrer eigenen Botschaft. Also: Neuer Notartermin, Beglaubigung und Überbeglaubigung einholen und dann den Segen der Botschaft in Bonn. Überall hilft man uns unbürokratisch und schnell. Und dann taucht die verloren geglaubte Vollmacht auf und trifft gleichzeitig mit der neuen beim Rechtsanwalt ein.

GUATEMALA AM 15. JANUAR 1983

AUS DEN GERICHTSAKTEN

Maria ist heute mit dem Notar, Rechtsanwalt, dem Jugendrichter und jemanden vom Jugendamt zu einer weiteren Verhandlung im Gericht vorgeladen. Heute soll sie sich endgültig entscheiden, ob sie ihr Kind weggeben kann und will.

Nach der Entbindung hat sie ihr Kind in die Obhut von Ingrid und der Pflegefamilie gegeben. Das Gericht genehmigte die Pflegefamilie, das Jugendamt war ebenfalls einverstanden. Das war vor fünf Wochen. Seitdem pflegt und betreut die Pflegemutter ihr Kind. Heute muss sie abermals den Lebensweg ihres Kindes bestimmen. Man zeigt ihr neue Fotos von den Fremden in Deutschland und sie weiß, dass diese Leute bereits ein anderes Indiomädchen adoptiert haben. Das beruhigt sie sehr. Sie betrachtet die Fotos lange, gründlich und sehr genau. Nun weiß sie, wie sie sich entscheiden muss, entscheiden soll und auch entscheiden will. Ihrem Kind zuliebe.

UM 10:20 UHR BEGINNT

DIE VERHANDLUNG

Maria gibt ihre Personalien an. Zur Identifikation legt sie ihren Ausweis auf den braunen, langen Richtertisch. Maria stammt aus dem kleinen Indiodorf Jalpatagua im 22. Departement Jutiapa. Sie ist nicht verheiratet. Den Vater lässt sie als „unbekannt" eintragen. Sie berichtet, dass sie weder lesen noch schreiben kann und bittet um Hilfe. Sie erzählt von ihren weiteren Kindern, für die sie kaum sorgen kann.

Unter Eid sagt sie aus, dass ihre Tochter am 7. Dezember 1982 in Guatemala-Stadt geboren wurde und ihr Kind ist. Ihre Familie kann sie bei der Pflege des Babys nicht unterstützen. Deshalb sei es ihr unmöglich zu arbeiten, ihre anderen Kinder am Leben zu halten und für das Neugeborene zu sorgen. „Deshalb gebe ich mein Kind öffentlich an Familie Klink in Deutschland zur Adoption frei. Aus den genannten Gründen will ich die erwähnte Minderjährige endgültig und ohne Vorbehalt diesen Eheleuten übergeben, die sie nach Deutschland mitnehmen dürfen. Ich stimme der Adoption zu. Gleichzeitig erteile ich die Ermächtigung, dass das Kind Desiree heißt und ausreisen darf." Der Gerichtsschreiber trägt ein: „Geburtsurkunde: Desiree Lopez wird als Kind von Siegfried und Gabriele Klink eingetragen."

Um 10:40 Uhr wird die Sitzung geschlossen, das Protokoll wird vorgelesen, die Rechtswirksamkeit erklärt, akzeptiert und ratifiziert. Da Maria nicht unterschreiben kann, bringt sie mit einem Daumenabdruck ihres rechten Daumens die Unterschrift bei. Der Rechtsanwalt, Notar, Jugendrichter und die Dame des Jugendamtes unterzeichnen ebenfalls das Dokument, so wird es im Protokoll notiert.

In vier Wochen sollen die Dokumente dann zur Ausreise des Kindes führen. Eine Abschrift des Protokolls wird uns später übergeben werden.

AM 29. JANUAR 1983

TAUFPATIN AUS GUATEMALA

Zum 14. 2., dann 24. 2., sollen wir die Flüge buchen. Ohne Ingrids Hilfe in Guatemala wäre diese Adoption nicht möglich gewesen. Wir sind ihr sehr dankbar, schätzen ihre Offenheit und Toleranz, wissen um ihren tiefen, festen Glauben und wünschen uns, dass sie als Taufpatin Desiree mit durchs Leben begleitet. Ingrid wird das Bindeglied und die Nabelschnur zwischen Deutschland und Guatemala. Wir haben auch mit unserem Pfarrer, der die Taufe vollziehen wird, darüber gesprochen, besonders, weil die Taufpatin nicht evangelisch ist wie wir, sondern katholisch. Ingrid sagt begeistert zu, die Patenschaft für Desiree zu übernehmen. Damit spannen wir eine persönliche lebendige Brücke nach Guatemala und öffnen Möglichkeiten und Wege, weiteren Familien eine Adoptionsmöglichkeit aufrecht zu erhalten.

AM 10. FEBRUAR 1983

AUS DEN GERICHTSAKTEN

... „alle bisherigen Vollmachten und eingereichten Dokumente zur Adoption des Kindes Desiree Lopez sind vollständig und den Vorschriften des Staates Guatemala entsprechend legalisiert, öffentlich zugelassen und anerkannt, bestätigt durch das Zivilgericht. Das Einverständnis der Mutter liegt vor. Somit sind alle Gesetzesvorschriften eingehalten und durch das Ministerium überprüft. Die Adoption ist somit genehmigt.“

AM 11. FEBRUAR 1983

VERLOREN GEGANGENE BRIEFE

Und wieder sind Briefe verloren gegangen. Endlich die lang ersehnte Post von Ingrid. Doch dann setzt mein Herzschlag aus, mit schreckgeweiteten Augen lese ich das undenkbare, das unfassbare, die schlimmste Nachricht: „Desiree ist sehr krank geworden. Was ihr fehlt, wissen wir noch nicht. Es ist nichts Lebensbedrohliches, aber ein Ausreisestopp für vierzig Tage ist durch den Arzt angeordnet worden.“

Wir sind bis in unsere Grundfeste erschüttert. Die brennende Frage, was Desiree fehlt, bleibt unbeantwortet. Später stellt sich heraus, es waren die Windpocken, die in Guatemala lebensbedrohlich sein können. Eiskalt kriecht die Angst in uns hoch. Der Krieg in Guatemala, die sich ständig ändernden Adoptionsgesetze, die Ausreiseverweigerung und was wir nicht lesen können, lesen wir zwischen den Zeilen und interpretieren es.

Tausend Fragen und Millionen Ängste schnüren uns die Luft ab. Die bisherigen Aufregungen setzten uns immer mehr zu. Nachts beschleichen uns Albträume und die Ungeheuer „wenn und aber" nisten sich auf unseren Kopfkissen ein und versuchen, uns mürbe zu machen.

Aber das lassen wir einfach nicht zu. In unseren Herzen haben die positiven Lebensgeister den Schwarzmalern auf unseren Kopfkissen den Kampf angesagt.

Wir beschließen, mit dem nächsten Flugzeug nach Guatemala zu fliegen und unser Kind herauszuholen.

DONNERSTAG, 17. FEBRUAR 1983

PRIVATVERGNÜGEN

Endlich haben wir Flüge für Ende Februar, nur die Flugbestätigung steht noch aus. Nun muss mich nur noch das Schulamt freistellen. Der kürzeste Weg ist wieder das Telefon. Doch der zuständige Schulrat erklärt mir kühl und sachlich, dass es „definitiv für solche Privatvergnügen keine Beurlaubung gibt". Und als Erklärung ergänzt er: „Ja, wo kämen wir denn hin, wenn man Adoptionsurlaub genehmigen müsse. Notfalls könnten mir zwei Tage Sonderurlaub für Rechtsgeschäfte wie sie allen Eltern zustehen, bewilligt werden, schließlich sei ich ja nicht schwanger. Mutterschutz gibt es bei Adoptionen ebenfalls nicht und wenn das Kind hier ankommt, kann eine Unterrichtsbefreiung nicht genehmigt werden, da dies gegen das geltende Schulrecht verstößt." Nach einer kurzen Pause: „Sollten Sie dennoch die Reise antreten, muss ich Sie darauf aufmerksam machen, dass wir ein Disziplinarverfahren gegen Sie einleiten werden."

Ich bin mehr als wütend, zornig über diesen Stacheldrahtverhau der Selbstgerechtigkeit des Schulamtes. Und wenn unser Kind stirbt? Die Adoption ist noch nicht abgeschlossen. Nun der Ausreisestopp. Und in Guatemala wütet der Bürgerkrieg. Noch haben wir kein Zipfelchen Anrecht, dass das Kind zu uns gehört. Wenn ich das Foto betrachte, hoffe ich nur inbrünstig, dass Desiree kein Traum ist. Abends rufe ich Ingrid an, um ihr zu sagen, dass wir mit der nächstmöglichen Maschine Ende Februar in Guatemala eintreffen werden, um unser Kind herauszuholen, koste es, was es wolle.

PATENKINDER

IN GUATEMALA, PERU UND NICARAGUA

Unser zukünftiges Kindergeld werden wir für unser neu gewonnenes Patenkind Rosa Victoria aus Totonicapan in Guatemala einsetzen, so wie bei Felicitas für ein Kind in den peruanischen Bergen und danach für einen kleinen vierjährigen Jungen in Nicaragua, dessen Patenschaftsprogramm Ende 2009 erlischt.

Das erste Foto von Rosa Victoria haben wir schon. Wenn ich in die großen, fragenden, traurigen Augen des kleinen Mädchens blicke, tut es mir fast körperlich weh und das kleine Gesicht unserer Desiree schiebt sich darüber. Warum gibt es so viel Leid und Not, Ungerechtigkeit für die, die im Schatten des Lebens geboren werden?

Rosa Victoria werden wir viele Jahre begleiten und ihr eine Ausbildung als Schneiderin ermöglichen. Bei einem Besuch 1986 lernen wir sie und ihre große Familie kennen. Im Anschluss wird uns die kleine Emma aus Guatemala als Patenkind zugeteilt und diese Familien-Patenschaft dauert auch 2010 noch an. Erst 2013, als die letzten beiden Patenschaften enden, entschließen wir uns, keine neuen mehr zu beginnen.

GUATEMALA AM 24. FEBRUAR 1983

DIE AUSREISE WIRD GENEHMIGT

Aus den Akten: „Am 16. Februar 1983 bescheinigt das Standesamt in Guatemala-Stadt die Geburtsdaten des Kindes Desiree Rafaela Klink-Esslinger. Diese wird durch das Bürgermeisteramt beglaubigt. Das Innenministerium und das Außenministerium des Staates Guatemala beglaubigen diese Beglaubigung mit ihrer Unterschrift und verfügen über die Ausstellung eines Reisepasses für das Kind." Aus dem Protokoll: „Am 24. 2. 1983 wird der Pass zur Ausreise nach Deutschland fertig. Er trägt ein Passbild und den Daumenabdruck des Kindes, da die Minderjährige noch des Schreibens unkundig ist. Als Eltern sind Siegfried und Gabriele Klink eingetragen."

Nun ist die Adoption unumkehrbar. In etwa acht Tagen wird das Ministerium nach erneuter Überprüfung, den Pass zur endgültigen Ausreise freigeben. Die Adoptionsakten stecken später im Fluggepäck von Ingrid, die sie uns nach ihrer Ankunft übergibt.

Wir lassen an Maria durch Ingrid ausrichten, dass wir sie und ihre Familie unterstützen und weiterhin ärztlich betreuen lassen, bis ihr Kind in Deutschland ankommt und auch darüber hinaus, wenn Hilfe benötigt wird.

FREITAG 25. 2. 1983

EIN SCHWARZER FREITAG

Um 22 Uhr schrillt das Telefon. „Hallo Gabriele, die Überweisung für das Gericht ist nicht angekommen. Und der Pass zur Ausreise ist auch nicht fertig. Fliegt auf keinen Fall hierher, die politische Situation in Guatemala spitzt sich immer mehr zu, nicht einmal der Flughafen ist vor Angriffen mehr sicher. Wenn ihr kommt, sitzt ihr vielleicht mehrere Wochen fest und eine Garantie für eure Unversehrtheit kann niemand übernehmen."

An die Antwort kann ich mich nicht mehr erinnern. Ich falle ins Bodenlose. Das Gespräch ist längst beendet und ich halte den Telefonhörer wie einen Fremdkörper in der Hand. Behutsam nimmt ihn Siegfried aus meiner erstarrten Hand und legt auf. Ich bemerke es nicht einmal. Er schließt mich wortlos in seine kräftigen Arme und flüstert mir beruhigend zu: „Wir schaffen das schon. Ich weiß das. Ganz bestimmt."

Kaum beginnen wir, diesen Schock zu begreifen, trifft uns das Entsetzen auch körperlich. Der Krieg im so weit entfernten Guatemala hat uns nun ganz persönlich in Deutschland eingeholt. Erneut reißt uns das Telefon vom Sofa hoch.

„Hallo Gabriele, wir können Desiree nicht bringen. In Guatemala-Stadt überstürzen sich die Ereignisse. Auf dem Flughafen sind Bomben gefallen und die Kämpfe haben die Stadt erreicht. Wir sind ratlos und völlig durcheinander. Wir können euch nicht weiterhelfen".

Vor Entsetzen kann ich nichts mehr sagen. Unsere Gedanken schlagen Purzelbäume. Wir werden emporgerissen, herumgewirbelt, machtlos stürzen wir ab.

Von einer anderen Adoptionsfamilie weiß ich, dass diese nun schon die sechste Woche in Guatemala festsitzt und jede Woche neue Anforderungen, Gesetzesänderungen, Probleme, auch Schikane der Behörden verkraften muss. Hoffentlich kommen sie heil aus diesem Krieg heraus.

Mein Kopf dröhnt. Wie ein Ping-Pong-Ball hüpfen meine Gedanken hin und her. Ich kann nicht abschalten. Schon bei Felicitas glaubten wir, anstrengender und nervenaufreibender könne keine Adoption mehr sein. Aber wir hatten keinen blassen Schimmer, was lawinenartig unaufhaltsam auf uns zurollt. Da war Peru das reinste Kinderspiel, ein Sonntagsvergnügen.

Aber auch das werden wir irgendwie in den Griff bekommen – und wenn wir barfuß bis ans Ende der Welt hetzen müssten. Das Kinderbild in der Hand verspreche ich: „Desiree, wir holen dich da raus." Kein Weg wird uns zu steinig oder zu weit, keine Forderung zu hoch, wir geben nicht auf und werden diese fast unüberwindbaren Steine wegräumen.

Obwohl wir die Kleine noch nicht gesehen haben, es ist verrückt – hat sie sich tief und unwiderruflich in unser Herz geschmuggelt. Sie ist ein Teil von uns geworden. Sie ist unser Kind. Das war schon bei Felicitas so und wiederholt sich nun automatisch.

SONNTAG, 27. 2. 1983

BLINDE BUCHUNG

Der „Blindflug nach Guatemala" ist gebucht. Es geht um das Leben unseres Kindes. Ich werde fliegen und Desiree dort herausholen. Da ist das Einzige, was ich weiß und was zählt. Bürgerkrieg hin oder her. Im Traum sehe ich Desiree in Lebensgefahr schweben. Wieder telefoniere ich nach Guatemala und kündige meinen Flug an.

MONTAG, 28. 2. 1983

BÜRGERKRIEG

In der Schule fordern die zwanzig Kinder meine ganze Aufmerksamkeit und ich habe einfach keine Zeit, über Privates nachzudenken. Der Unterricht ist wie eine kleine Auszeit weit weg vom Tagesgeschehen. Nach Unterrichtsschluss hole ich Felicitas ab. Es bleibt keine Zeit zum Grübeln. Dennoch sind unsere Nerven angespannt und flattern. Das Telefon klingelt kurz nach dem Mittagessen. Ingrid meldet zu dieser ungewöhnlichen Zeit. Ich rechne mit dem Schlimmsten und wage nicht, irgendetwas zu fragen. „Ich bin es, Ingrid. Bitte nicht erschrecken, ich habe eine gute Nachricht. Sobald sich die Lage stabilisiert und das Außenministerium grünes Licht gibt, bringe ich eure Desiree. Ich melde mich übermorgen wieder."

Die wenigen Berichte in unseren Medien rauben uns jede Zuversicht. Der Bürgerkrieg geht mit unverminderter Härte und Brutalität weiter. Ein Ende von Terror und Mord ist nicht abzusehen. Putschversuche, Attentate, Aufstand, Schießereien. Und mittendrin unser Kind.

Und wenn nun die Landesgrenzen dichtgemacht werden – wir dürfen daran nicht denken. Aber verbiete dem Gehirn und dem Herzen, solche Gedanken auszuklammern!

DIENSTAG, 1. MÄRZ 1983

NOCH EIN WUNDER

Ein Wunder, ein unglaubliches Wunder ist geschehen. Ingrid ruft an, sie ist aufgeregt, spricht deutsch und spanisch durcheinander, doch der wichtigste Satz klingt wie Himmelsmusik in meinen Ohren: „Desiree darf ausreisen. Gabriele, buche für mich, meinen kleinen Sohn und für Desiree einen Flug. Hier kann man keine Flüge mehr buchen."

Aufgeregt rufe ich: „Ich regle das schon, wir kriegen das hin." Ich eile umgehend ins Reisebüro, jammere denen die Ohren voll, um den nächstmöglichen Flug von hier aus zu buchen. Der Fernschreiber rattert und tuckert, ich hänge gebannt an den Lippen der Reisekauffrau, verfolge Schweiß gebadet jedes Telefonat.

Drei Stunden später bezahle ich die Tickets und halte die Flugbestätigung für Ingrid, Roberto und Desiree überglücklich in der Hand. Abflugtermin ist der 3. März 1983. Doch so recht und unbeschwert kann ich mich nicht freuen. Ich bin völlig verunsichert.

AM 3. MÄRZ 1983

ABFLUG ABERMALS VERSCHOBEN

Das Telefon schrillt am frühen Morgen. Ein Blick auf den Wecker im Schlafzimmer. Es ist fünf Uhr. Innerlich weigere ich mich, den Hörer abzunehmen. Ich ahne Schreckliches. Und mein Gefühl sollte mich nicht täuschen. Ingrid lässt mich wissen, der Abflug müsse verschoben werden. Neuer Termin sei der 7. 3. 1983. Dann knistert es in der Leitung und die Verbindung bricht jäh ab. Es sollte mir nicht gelingen, in den nächsten Stunden eine neue Verbindung zu erhalten. Und heute meldet Amnesty International in der Presse, dass mehr als 2.000 Männer, Frauen und Kinder in den letzten Wochen umgebracht wurden und es über 60 Massaker unter der indianischen Bevölkerung gab.

DIENSTAG, 8. MÄRZ 1983

SIE KOMMEN

Ingrid ruft zur gewohnten Zeit an: „Wir sind auf dem Weg zum Flughafen. Ich konnte die Flüge durch gute Beziehungen und ein kleines Trinkgeld umbuchen. Um 14:45 Uhr geht der Flug mit der Air Florida nach Miami. Dort werden wir übernachten. Über Miami fliegen wir weiter nach London, dann über Amsterdam und Frankfurt nach Stuttgart.

Um 22 Uhr deutscher Zeit springt der Zeiger in Amerika auf 15 Uhr und der Flieger schwebt bereits über den Wolken mit seiner ganz besonders wertvollen, unersetzlichen Fracht an Bord. Sie sind auf dem Weg in die USA und damit in Sicherheit.

Seit einigen Tagen haben wir Elke, eine junge Frau, die Felicitas im Handumdrehen erobert. Sie kommt morgens ins Haus und wird sich ausschließlich um unsere beiden Kinder kümmern, bis ich um 13 Uhr aus der Schule zurück bin. So kann Felicitas ausschlafen, ich kann ohne Hektik mit dem Fahrrad die drei Kilometer zur Schule radeln und die Kinder sind liebevoll betreut.

MITTWOCH, 9. MÄRZ 1983

SCHUTZENGEL

In dieser Nacht hüten wir fast wortlos und ungeheuer angespannt unser Telefon. Es sieht wie ein Schreckgespenst für uns aus. Bitte kein Anruf. Um dreiundzwanzig Uhr fühlen wir uns fast sicher, denn die Reisenden müssen nun den Flughafen in Miami erreicht haben. Siegfried holt die Wiege aus dem Keller und baut sie auf. Lange nach Mitternacht legen wir uns im

Wechsel hin. Wir bibbern vor dem Telefon, es mögen uns jetzt bloß keine schlechten Nachrichten erreichen. Das Telefon wird von uns wie ein großer Schatz bewacht und bleibt auch in dieser Nacht stumm. Das Telefon gibt keinen Mucks von sich. Gott sei Dank. Die kleinen Nickerchen tun uns gut, denn unser Berufsleben nimmt auf unser „Nachtleben" keine Rücksicht. Um 18:30 Uhr Ortszeit hebt das Flugzeug in Miami ab. Es nimmt Kurs auf Europa. In Gedanken geben wir dem Flugzeug Geleitschutz und bitten alle unsere Schutzengel, es zu begleiten.

DONNERSTAG, 10. MÄRZ

ANKUNFTSTAG

Wie ich den Unterricht bewältige, weiß ich nicht. Ich gehe wie auf Watte. Siegfried hat sich Urlaub genommen und hütet Tochter und Telefon. Um 11:30 Uhr landet das Flugzeug sicher in Amsterdam und startet um 13:55 Uhr zur dritten Etappe. Um 14:55 Uhr erreicht uns der befreiende Anruf: „Wir sind in Frankfurt gelandet und machen uns um 16:50 Uhr auf dem Weg nach Stuttgart."

Startbereit steht die aus hellem Maisstroh geflochtene Babytragetasche im Flur. Felicitas schnappt sich den Blumenstrauß und stürmt die Treppe hinunter. Selbst das Plappermäulchen Felicitas ist ganz leise, keine der tausend Fragen. Die Anspannung hat uns alle voll im Griff. Viel zu früh sind wir am Flughafen in Stuttgart.

Felicitas läuft in ihrer weinroten Latzhose und weißem Pullover wie ein Wirbelwind durch die Ankunftshalle. Sie baut die knisternde Spannung dadurch ab, dass sie Purzelbäume schlägt, die Blumen fest in der kleinen Hand und die Leute schmunzeln oder beobachten auch kopfschüttelnd diese ungewöhnliche sportliche Aktivität. Nur die lachsroten Tulpen scheinen ihr dies zu verübeln. Die Zeit schleicht wie ein Einbrecher dahin. Zäh, unendlich zäh wie Kaugummi. Das Warten tut fast körperlich weh.

Bedächtig rutscht der Zeiger im Flughafen Stuttgart auf 17:30 Uhr. Die grünen Lichter an der Anzeigetafel blinken auffordernd und genauso nervös wie wir. Die Maschine ist gelandet.

Ein Felsengebirge fällt lautlos, aber mit innerer Erschütterung, von unseren Herzen herunter.

Felicitas registriert aus den Augenwinkeln heraus die Situation. Sie eilt auf uns zu, schiebt sich zwischen uns und hält uns fest an den Händen. Siegfried beugt sich zu ihr hinunter und flüstert: „Sie kommen." Und flüsternd folgt ganz ungerührt die Antwort: „Ich weiß."

Wir suchen in dem Gewühle der zum Ausgang strömenden Reisenden nach Ingrid, dem 5-jährigen Roberto und nach unserem Kind. Wir entdecken sie zu dritt in derselben Sekunde. Der Zeiger der Flughafenuhr ist soeben auf 17:43 Uhr vorgerückt.

„Ingrid" schreie ich und wedle wie verrückt mit den Armen. Was dieser Augenblick in uns auslöst, bewirkt und mit und macht, ist nicht in Worte zu kleiden. Eine unwahre Wirklichkeit.

Ingrid, bekleidet mit einer beigen Hose und Anorak, groß, mit kurzem dunklem gelocktem Haar, einen kleinen gelben Stoff-Buggy vor sich herschiebend, Roberto zieht einen kleinen Koffer hinter sich her, das registrieren und sehen wir zuerst.

WENN DIE WELT STILLSTEHT

In dem zusammenklappbaren, kleinen Buggy sitzt ganz in Rosa gekleidet und in eine kleine rosa Decke gehüllt unser Kind. Felicitas hält noch immer krampfhaft die Reste des zerzausten und zerfledderten Tulpenstraußes in der Hand. Dann reißt sie sich los, rennt auf die drei Reisenden zu und bleibt gebannt und wie verzaubert vor ihnen stehen. Vorsichtig hockt sie sich mit ernsthaftem, forschendem Blick, das Baby prüfend anschauend hin. Ihr Blick fest auf die neue kleine Schwester geheftet. Zärtlich haucht sie: „Hallo tleines Swesterle, bin die Felicitas, deine Swester" und das Baby lacht, ihre schwarzen Knopfaugen strahlen, sie sieht munter aus – nach diesem anstrengenden, unendlich langen und strapaziösen Flug um die halbe Welt. „Du bist der kleine Wuschel und ich pass ganz doll auf dich auf. Du gehörst mir. Mir ganz allein.", beantwortet Felicitas das Babylachen. Uns Eltern läuft ein Schauer über den Rücken, wir sind von diesem Augenblick ergriffen. Ergriffen vom Wunder des Lebens.

Dann schließen wir uns einfach in die Arme. „Danke" ist das Einzige, was wir als Eltern hervorhauchen können. Wir sind das personifizierte Glück. Nicht mehr und nicht weniger.

Am Auto angekommen, wickle ich unser Kind. Es ist klatschnass, hat Durchfall, der Popo ist wund und blutet, aber es ist alles dran und an der Stelle, wo es Eltern naturgemäß erwarten.

Nur noch ein Wunsch brandet in uns auf: Nach Hause, nur noch nach Hause.

Ingrid nimmt in unserem roten Fiesta vorne Platz, Felicitas, Roberto und ich sitzen hinten, das Baby im Arm. Felicitas wird nicht müde, die kleine Babyhand voller Zärtlichkeit behutsam zu streicheln. In diesen Sekunden haben sich beide Kinder gefunden. Diese Begegnungsszenen haben sich tief in mir eingegraben – auch heute noch nach 27 Jahren sehe ich diese berührenden Bilder vor meinem inneren Auge.

Dreißig Minuten später sind wir in Nürtingen. Die ersten ruhigen Minuten gehören Felicitas und Desiree. Siegfried kümmert sich um die weit gereisten Gäste. Eine Kleinigkeit essen und trinken und dann ziehen sich Ingrid und Roberto ins Gästezimmer zurück. Sie sind todmüde und schlafen rasch ein. Unsere Tochter ist da, wirklich und wahrhaftig da, wir dürfen sie zum ersten Mal berühren, in den Armen halten, sie riechen und fühlen. Unser heiß ersehntes Kind lebt. Sie ist angekommen. Sie gehört zu uns. Wir sind die glücklichste Familie der Erde.

TAUFSONNTAG

Tags darauf sind wir beim Kinderarzt. „Na, da hat es nun doch noch mit einem eigenen Kind geklappt, das hört man ja öfters, dass es nach einer Adoption ..." Aber wir lösen das Rätsel postwendend. „Irgendetwas ist mit den Kopfknochen nicht in Ordnung, sie sind verschoben, aber darüber müsse man sich keine Gedanken machen", meint der Kinderarzt und gratuliert uns zu unserer prächtigen Tochter.

Dann besuchen wir den Pfarrer. Er wird nur mit dem Pass aus Guatemala ausgestattet, ganz unbürokratisch um 13 Uhr die Taufe vollziehen und Ingrid wird den Täufling über das Becken halten, zwei weitere Taufpaten aus der Familie werden sie begleiten.

Unser Pfarrer bittet alle Kinder, die bei der Taufe anwesend sind, zu sich vor und erzählt neben dem Taufbecken kniend, das Bilderbuch vom „Verlorenen Schaf". Felicitas lässt sich auf seinem Schoß häuslich nieder. Dann treten wir vor den Altar. Die Orgel jubiliert feierlich.

„Ich taufe dich auf den Namen Desiree Rafaela Klink. Du hast mich dem Tod entrissen, meine Füße vor dem Abgrund bewahrt: So darf ich nun einhergehen vor Gottes Angesicht im Lichte des Lebens." Psalm 56.4 hallt der Taufspruch durch den Raum der Lutherkirche. Felicitas lässt ihre kleine Schwester nicht aus den Augen. Wie sagte sie doch am Flughafen? Na gut, sie gehört ihr –, aber auch ein ganz klein wenig uns!

Von Guatemala-Stadt fährt Maria mit dem Bus in ihr Heimatdorf, um ihre Familie und ihre Kinder zu besuchen. Auf der endlos langen Fahrt auf holprigen Straßen gehen Maria die letzten Wochen durch den Kopf. Die Menschen und das Land versinken im Chaos. Auch Marias Familie ist betroffen. Sie wollen beratschlagen, was sie tun sollen: Ausharren, bleiben oder die Flucht ergreifen.

Inzwischen wird unter dem Sektenanhänger Efrain Rios Montt, dem Staatschef des Landes, durch Zerstörung, Mord und Terror das Land immer mehr aufgerieben. In seinen zehn Monaten Amtszeit als zentralamerikanischer Ayatollah und Sektenführer wurden über 10.000 Indios umgebracht, Hunderttausende Dörfer verbrannt, eine halbe Million Menschen in die Flucht getrieben. Sein Sondergerichtshof fällt in geheimen Sitzungen unter Missachtung elementarischer, juristischer Prinzipien Todesurteile im Akkord.

Der lateinamerikanische Apartheidstaat Guatemala versucht nach 500 Jahren der Unterdrückung durch die Spanier eine Blutspur der Brutalität und Gewalt zu ziehen. Das Ziel: „Verbrannte Erde und Ausrottung der indianischen Bevölkerung."

Niedergebrannte Dörfer, Tausende Menschen werden erschossen, erschlagen, zu Tode gefoltert, umgebracht. Soldaten werden aufgefordert, schwangere Frauen nicht zu verschonen, denn jedes im Mutterleib getötete Kind ist für die Regierung ein zukünftiger Guerillero weniger.

Entführungen sind alltäglich. Todesschwadronen werden meist von reichen Interessensgruppen bezahlt und ausgeschickt. Das Militär und die Oberschicht des Landes (3 % der Bevölkerung!) bilden eine unheilige Allianz gegen die Bevölkerungsmehrheit, sie führen einen erbitterten Kampf mit einer ungeheuren Tötungswelle gegen alle, denen die Armut und das Elend der Indios nicht gleichgültig sind und die diese nicht unberührt lassen. Politisch aktive Gewerkschafter, Intellektuelle, Lehrer, engagierte Christen, ja sogar Priester stehen auf den Todeslisten. Dabei sollte das Militär für Ordnung sorgen. Der Staat hat sich gegen sein eigenes Volk gestellt mit Wahlbetrug, Militärputsch, Rassismus, brutaler Dezimierung der Indios. Das Militär ist eine mächtige Interessensgruppe, die gezielt Menschen verschleppt, die nie gefunden werden. Sie bleiben für immer verschwunden.

Aus diesem vergessenen Winkel der Erde dringen nur spärliche Nachrichten an die Weltöffentlichkeit. Es erhebt sich keine internationale Empörung gegen den Völkermord in Guatemala. Den Mayas droht die Ausrottung und der Tod überzieht das geschundene Land.

FLUCHT AUS GUATEMALA

Maria ist auf dem Weg zu ihrer Familie. Sie reist in das Grenzgebiet zu San Salvador, dem angrenzenden Krisenherd und Kriegsschauplatz Mittelamerikas. Über die politische Situation weiß Maria nur das, was sie hört und selbst sieht. Zeitungen kann sie nicht lesen und kaufen schon gar nicht. Radio hat sie nicht. Auch in San Salvador soll es bereits über 100.000 Tote gegeben haben.

Sie erfährt von den Elendsvierteln und Auffanglagern in Mexiko. Dass die Flüchtlinge dort zwar gerettet, aber weiterverfolgt und ermordet werden, ahnt sie nicht. Sie glaubt, dort geht es allen gut. Kein Kampf mehr gegen Hungersnot, Durchfall, Krankheiten, Elend.

Sie hat keine Ahnung, dass dort viele Flüchtlinge elendiglich zugrunde gehen, dass es auch dort wiederum die Schwächsten trifft: Alte, Kranke, Kinder. Sie hat nicht gehört, dass zweijährige Flüchtlingskinder oft weniger als drei Kilo wiegen. Sie weiß, dass auch bei ihr die Dörfer „gesäubert" werden. In Gesprächsfetzen vernimmt sie, dass der Krieg auch sie erreichen wird.

Mit all diesem Wissen und voller Angst erreicht Maria am frühen Abend ihr Heimatdorf. Sie spürt sofort die Unruhe und die Aufbruchstimmung. Kurz danach versammeln sich die Männer des Ortes. Unter den Frauen machen Gerüchte und Augenzeugenberichte entsetzt die Runde. Die wenigen Habseligkeiten werden in bunte Tücher gewickelt und verknotet.

Die Männer berichten von umliegenden zerstörten Dörfern. Die Bewohner und Freunde wurden umgebracht, erschlagen. Den Frauen wurden mit Macheten die ungeborenen Kinder herausgeschnitten und die Kinderköpfe auf Zaunlatten aufgespießt. Sie haben es fassungslos und entsetzt mit eigenen Augen gesehen. Wie können Menschen anderen Menschen dies antun? Sie können die Mordopfer, ihre Freunde und Familienangehörigen nicht einmal begraben. Die Menschenschlächter lassen die Toten zur Abschreckung auf der Straße liegen. Wer auch nur den Versuch unternehmen würde, die Nachbarn oder Freunde zu bestatten, würde dies nicht überleben, denn die Soldaten lauern nur auf eine Gelegenheit, um erneut zuzuschlagen.

So beschließen sie nach kurzer Beratung schweren Herzens, die Flucht zu ergreifen, ihr geliebtes Dorf, ihr Land, ihre Heimat, ihr Heimatland zu verlassen. Sie ahnen, was auf sie zukommen wird. Leise und geräuschlos informieren sie ihre Frauen und Kinder. Ihre Bündel mit den wenigen Habseligkeiten tragen sie auf dem Rücken, auf dem Kopf oder in der Hand. Es ist alles, was von ihrem bisherigen Leben übriggeblieben ist. Ihre Tiere müssen sie zurücklassen. Die Türen der Häuser sind unverschlossen. Heimlich und schweigend brechen sie in dieser Nacht auf.

Auch Marias Dorf wird dem Erdboden gleich gemacht. Es gibt keine Überlebenden. Ob die rechtzeitig Geflüchteten überlebt haben, wo sie gestrandet sein könnten, wissen wir nicht und werden es auch nie erfahren. Die Spuren des kleinen Flüchtlingstrecks verlieren sich.

Marias kleine Tochter aber lebt.

MITTWOCH, 18. MAI 1983

WIR ADOPTIEREN UNSER EIGENES KIND

Alle Adoptionspapiere liegen beim Notariat in Nürtingen: Geburtsurkunde, Abtretungsurkunde der Mutter, Gerichtsakten ohne Ende. Wir machen uns auf den Weg, unser Kind noch einmal zu adoptieren, damit unser Kind auch nach deutschem Recht unser Kind sein darf und anerkannt wird. Das zweite Adoptionsverfahren beginnt. Und auch Desiree wird zweimal Geburtstag feiern, hat in zwei Ländern ihre Wurzeln und zwei Mütter und Familien. Ein Glücksfall für uns alle.

JULI 1983

GOLDSTÜCKE UND STERNENHIMMEL

Beide Kinder entwickeln sich harmonisch und prächtig. Herz, was willst du mehr? Wir können uns ein Leben ohne unsere Kinder einfach nicht mehr vorstellen. Unser Leben findet in und durch unsere beiden „Goldstücke", wie Siegfried die beiden zärtlich nennt, einen tiefen, unvergleichlich schönen und wunderbaren Sinn und Erfüllung. Und manchmal wundern wir Eltern uns schon, dass wir uns fanden und dass unsere Kinder uns als Eltern adoptiert haben. Ihre Wärme, ihre Nähe, ihre Zärtlichkeiten, ihre Streiche, aber auch ihre Wutausbrüche und Kinderstreitigkeiten, die Entdeckung ihres eigenen Ichs, die Entwicklung ihrer willensstarken Persönlichkeiten berühren uns immer wieder sehr direkt und persönlich. Die alltäglichen kleinen Erlebnisse und Erfahrungen sind kostbare Momente, die unsere Herzen anrühren und zum Klingen bringen.

BRÜCKENBAU ÜBER DEN OZEAN

Manchmal stehen wir spätabends draußen auf unserem kleinen Balkon. Die Hektik des Tages haben wir hinter uns gelassen. Nur wenige Fenster blicken noch mit ihrem warmen Licht in die Nacht hinaus. In der Dunkelheit stimmen die Grillen ihr Nachtkonzert an. Alles ist still und friedlich und unsere Blicke wandern zum Sternenhimmel empor, spannen eine Brücke auf die andere Seite unseres wunderschönen blauen Planeten und berühren peruanische und guatemaltekische Erde.

Was würden die leiblichen Mütter empfinden, wenn sie hier und heute ihre Kinder sehen könnten? Vielleicht würde ein Blick hierher ihre Sehnsucht nach ihrem Kind mildern, vielleicht könnten sie den Schmerz, ihr Kind abgegeben zu haben, leichter ertragen?

Wir wissen es nicht. Aber wir sind berührt von ihrer Großherzigkeit, uns ihr Kind zu schenken. Dafür sind wir diesen Müttern unendlich dankbar –, ein Leben lang.

NOCH IMMER LIEBE

AUF DEN ERSTEN BLICK

Felicitas hütet ihre kleine quirlige Schwester wie ihren Augapfel – niemand darf die Kleine in die Arme schließen, bevor die große Schwester dies begutachtet und für richtig befunden hat.

Felicitas „liest" ihr geduldig stundenlang Bilderbücher vor oder spielt mit ihr. Sie übernimmt dabei den Part der souveränen großen, ruhigen Schwester und versucht, ihr sehr bestimmendes kleines Schwesterchen zu zähmen. Beide Kinder sind sich unendlich nah, so stellen wir uns das auch bei „richtigen“ Geschwistern vor. Es ist unvergleichlich schön, das zu sehen und täglich hautnah erleben zu dürfen.

Es ist noch immer Liebe auf den ersten Blick, nicht nur zwischen den beiden Mädchen, sondern auch zwischen uns.

DONNERSTAG, 22. SEPTEMBER 1983

JUGENDAMTSBESUCH

Monate sind verstrichen. Der Sommer zieht noch einmal alle Register seines Regierens, demonstriert noch einmal mit aller Kraft, was er mit seinem Farbenzauber, seinen goldenen Sonnenstrahlen, dem frohen Vogelgezwitscher, wenn der Tag erwacht, zu bieten hat. Der Herbst klopft an die Jahreszeitentür. Da wird es auch für mich Zeit, mich beim Jugendamt in Kirchheim in Erinnerung zu bringen. Es bedarf mehrerer Versuche, unsere Jugendamtsleiterin an das Telefon zu locken. „Natürlich, unsere Akten liegen seit Mai (und schlummern dort im Dornröschenschlaf) auf dem Schreibtisch. Aber das Amt sei überbeschäftigt, habe kaum Zeit, das Tagesgeschäft abzuarbeiten und Wichtigeres zu tun, als Auslandsadoptionen zu bearbeiten und Amtsvormundschaft oder Pflegschaft einzuleiten. Aber man würde sich um einen Amtsbesuch in Nürtingen bemühen.“

Und dann wird der Überprüfungsbesuch für den folgenden Tag angekündigt. Die ganze Familie muss anwesend sein. Siegfried nimmt sich Urlaub, die Kinder bekommen „Hausarrest“, die Wohnung wird auf Hochglanz gebracht und der Duft von frisch gebackenem Apfelkuchen durchzieht die Wohnung. Im Wohnzimmer ist der runde Tisch festlich gedeckt und alle harren auf das Klingelzeichen an der Haustür. Auch Elke, die heiß geliebte „Kinderfrau“ hat sich geschminkt, ihr blondes, lockiges, halblanges Haar zurückgekämmt und ihre blauen Augen strahlen wie immer. Sie sieht dieser Begegnung unbefangen, neugierig und lässig entgegen.

Um 16 Uhr trifft die Dame des Jugendamtes ein. Kurzes dunkelblondes welliges Haar, dunkler Rock, rosa Langarmbluse mit Rüschchen, eigentlich eine sympathische Amtsperson. Die Begrüßung ist eher förmlich, eben amtsmäßig. Während wir gemeinsam Kaffee trinken, wird die Kaffeerunde interviewt. Alles wird mitstenographiert. Darüber wird der Kaffee kalt. Fragen über Fragen, dabei ist dies beileibe nicht der erste Amtsbesuch in unserer Wohnung!

Danach wird das Kinderzimmer gründlich unter die Lupe genommen. Wir werden hinausgebeten und Felicitas bleibt mit ihr im Kinderzimmer. Desiree ist wenige Minuten zuvor vom verspäteten Mittagschlaf erwacht, kräht vor sich hin und spielt zufrieden mit ihren kleinen Händen.

Felicitas lässt ihre kleine Schwester keine Sekunde aus den Augen und verweist unseren Gast postwendend in ihre Schranken, als sie Desiree hochhalten möchte. „Das ist meine Schwester, die darfst du nicht mitnehmen", faucht sie mit blitzenden Augen unmissverständlich. Damit ist die Fragestunde abrupt beendet. Wir werden noch in die Geheimnisse der Pflegeerlaubnis und der Amtsvormundschaft eingewiesen, ehe wir unseren Gast gegen 18 Uhr zur Haustür begleiten.

DEZEMBER 1983

WELTWISSEN ENTDECKEN

Desiree hat sich bereits Ende August auf dem Campingplatz in Lausanne eine neue Weltansicht erobert und wagt die ersten schwankenden Schritte, breitbeinig wie ein Matrose auf hoher See. Nach wenigen Wochen läuft sie blitzschnell und man muss höllisch aufpassen, sie nirgends einzuklemmen oder umzuwerfen. Wieselflink lugt sie schelmisch mit lausbübischem Blick um jede Ecke.

Zum Lieblingsspielort hat sich auch Desiree das Bad auserkoren. Alles, was ihre kleinen Hände blitzschnell fassen können, landet in der Waschmaschine. Quietschend, brummend und glucksend quetscht sie sich voller Todesverachtung den Sachen in der Waschmaschine hinterher. Kopf und Arme sind verschwunden, nur der dicke Windelpopo verhindert wie ein störrischer kleiner Esel, diese wunderbare Höhle zu erobern. Gebieterisch wird die Trommel mit furchterregendem Geschrei angebrüllt. Der Popo ruckelt und zuckelt wie eine Schlange hin und her, aber es gelingt nicht, diese Höhle mit Besitzerstolz zu erobern. Da hilft alles Schimpfen und Befehlen nichts: „Platz haben". Nach ungleichem Zweikampf wird die Waschmaschine ausgeräumt und die unfolgsamen Sachen landen kurzerhand in der Toilette. Zum Glück ist der Wasserdrücker noch zu hoch. Alle Anstrengungen scheitern auch hier kläglich.

AM 7. DEZEMBER 1983

GEBURTSTAGSÜBERRASCHUNG

Das allerschönste Geschenk zum ersten Geburtstag von Desiree bringt der Briefträger. Im Briefkasten lauern gleich zwei identische Briefe darauf, dass man sie freudestrahlend befreit und ans Tageslicht zieht. „Amtsgericht" prangt auf dem länglichen blau-grauen Briefumschlag. „Das ist der Gerichtsbeschluss" juble ich und schwenke ausgelassen die Briefe über meinem Kopf. Und dann lesen wir es schwarz auf weiß, was amtlich bestätigt wird, dass nach deutschem Recht unsere Tochter unser Kind sein darf. Wir sind einfach nur glücklich und zentnerschwer fällt uns das große, oft erdrückende, manchmal kaum zu stemmende und zu tragende Adoptionsverfahren vom Herzen.

Im November stellten sich von Amts wegen dieselben Probleme wie bei Felicitas ein. Die Adoption wurde gestoppt, wir sollten eine erneute Einwilligungserklärung der leiblichen Mutter herbeischaffen. Telefonate nach Guatemala. Im Bürgerkrieg ist nichts herauszufinden. Das Dorf sei zerstört. Unser Gericht forderte uns dennoch auf, eigene Nachforschungen anzustellen und könne sich einen persönlichen Besuch von uns vor Ort in Mittelamerika tatsächlich vorstellen. Wir fassen es nicht und uns bleibt förmlich die Spucke weg.

Dann packt mich der heilige Zorn. Bewaffnet mit den Tagebuchaufzeichnungen, Presseberichten, Fotos unserer Kinder marschiere ich am 3. Dezember 1983 zum nahe gelegenen Amtsgericht, ein rechteckiges, fensterbestücktes graues Gebäude. Ich eile die Treppen hinauf, klopfe an die Tür des Richters und übergebe der Sekretärin den dicken, großen, braunen Umschlag mit den zusammengestellten Unterlagen. Meine schriftliche, vierseitige Stellungnahme habe ich beigefügt. Die Sekretärin hört mir aufmerksam zu und verspricht, die Unterlagen an den Richter weiterzuleiten, sobald er im Haus ist.

Und wieder geschieht ein kleines Wunder, das uns das Staunen lehrt: Der Amtsbeschluss des Amtsgerichtes ist da. Doppelte Freude, doppeltes Glück.

Einige Tage später marschieren wir drei Damen nachmittags zum Gericht und bringen der Sekretärin einen kleinen, selbst gebastelten Weihnachtsgruß und bedanken uns für das schönste Geburtstagsgeschenk aller Zeiten.

AM 13. FEBRUAR 1984

ADOPTIONSAKTE WIRD GESCHLOSSEN

Am 19. Dezember 1983 stellt uns das Ordnungsamt in Nürtingen den Kinderpass für Desiree aus. Damit können wir endlich in die DDR nach Ost-Berlin fahren, um unseren Familienzuwachs meiner Lieblingstante Lore und Ehemann Willy zu präsentieren. Sie kennen unsere Töchter nur von Fotos, denn in den Westen, in die BRD dürfen sie nicht ausreisen. Mauer, Stacheldraht, Schießbefehl, Familientrennungen, nicht einmal zu Beerdigungen gibt es eine Reisegenehmigung. Deutschland ein durch eine Mauer geteiltes Land.

Den letzten Akt und den Schlusspunkt setzt das Standesamt in Berlin mit der Übersendung der Geburts- und Abstammungsurkunde von Desiree. Nur aus der Abstammungsurkunde geht hervor, dass die leibliche Mutter mit „Maria de Jesus Lopez Garcia, Wohnort unbekannt" – und wir als Adoptionseltern eingetragen sind.

Nach vier Jahren mit Ämtern, Adoptionsverfahren, Jugendamt, Landeswohlfahrtsverband, Botschaften, Gerichten, rätselhaften Entscheidungsprozessen, Verzögerungen und verschwundenen Adoptionsakten, Fragen, Verwirrungen, Briefen, heiß gelaufenen Telefonleitungen und nicht unerheblichen Kosten in Guatemala und Deutschland dürfen wir endlich diese Adoptionsakten schließen.

CHAMPION DESIREE KLINK

Gebieterisch bohrt sich Desirees Zeigefinger unheildrohend in die Luft und bestimmend folgt ein: „deeesss" – je nach Tonlage ist es fragend, bestimmend, gebieterisch, duldet einen Aufschub oder auch keinen. Das kleine Wort erzählt eine ganze Geschichte, wenn man sie richtig interpretiert. Wehe, die Umwelt reagiert nicht darauf: zermürbendes und aufreibendes Indianergeheul in allen Tonlagen und Lautstärken. Danach überzieht ein strahlendes, umwerfendes Siegerlächeln ihr Gesicht und in Kämpferpose wird der Gegenstand der Begierde in den Händen gehalten und siegreich wie eine Olympiamedaille in die Luft gereckt.

Das zweite Lieblingsspiel von Desiree: Sie verschleppt Dinge ohne Ende, versteckt sie und beobachtet uns sichtlich vergnügt und unbeeindruckt mit unschuldiger Mine, wenn wir die Schlüssel oder den zweiten Hausschuh suchen. Dann lauert sie uns nicht aus den Augen lassend, angespannt, dass wir sie auffordern, die verlorenen Dinge zurückzubringen. Blitzschnell rennt sie weg, taucht mit wissender und strahlender Champions-Miene auf und gibt das Gesuchte ohne viel Aufhebens zurück.

Felicitas wird liebevoll „Didi" gerufen und die beiden sind ein eingeschworenes Team. Sie reagiert gelassen auf Desirees Schlitzohrigkeit und Dummheiten. Als große, souveräne Schwester steht man über diesem Kinderkram.

FELICITAS ALS LEBENSRETTERIN

Wieder ein Besuch bei den heiß geliebten Großeltern in Christophshof. Es ist ein warmer, sonniger Sommertag. Fast wäre er in einer Katastrophe geendet. Hinter dem Haus hat Opa Gerhard ein kleines Seerosenbecken angelegt, an der tiefsten Stelle etwa 70 cm. Ein kleiner grüner Frosch hat sich auf einem darin versenkten Stein sein neues Zuhause eingerichtet. Die elfjährige Cousine ist ebenfalls zu Besuch und so genießen beide Kinder neben dem Opi noch eine tolle Spielgefährtin. Die drei Kinder beobachteten den Frosch, während der Großvater im Garten ein Beet anlegte. Oma Anneliese werkelte für das anstehende Mittagessen in der Küche. Siegfried reparierte, wie bei jedem Besuch irgendwo im Haus irgendetwas. Zum Glück begleitete Felicitas nicht wie sonst üblich den Papa auf seinem „Reparaturkurs".

Plötzlich zerreißt vom kleinen Teich her ein markerschütternder Schrei die mittägliche Ruhe. Alles stürzt nach draußen. Oma Anneliese ist als Erste am Tatort, schnappt das kopfüber im Teich hängende Enkelkind an den Beinen und hält das schreiende Bündel in die Luft. Felicitas steht mit erstarrtem und entsetztem Gesichtsausdruck daneben und schreit wie am Spieß.

Desiree wollte doch bloß mal den Frosch fangen und streicheln. Sie kniete sich neben das kleine nierenförmige schwarze Plastikbecken und verlor schwuppdiwupp das Gleichgewicht, da der kleine Frosch keine Anstalten machte, sich streicheln zu lassen. Er hüpfte in Panik hin und her und versuchte unter der kleinen rosa Seerose Schutz zu finden. Doch Desirees Ehrgeiz in Bezug auf Froschverfolgungsjagd ist geweckt. Mal sehen, wer da als Sieger hervorgeht!

Eigentlich hätte sich Desiree nur mit den Händen abstützen müssen und ihr Gesicht wäre aufgetaucht. Aber wie zur Salzsäule erstarrt bewegte sie sich keinen Millimeter. Arme und Kopf triefen – alles andere ist brottrocken! Zwei aufgelöste und zutiefst geschockte Kinder wollen getröstet werden. Wer vor Schrecken und Angst mehr zitterte und schlotterte, die Kinder oder wir Erwachsenen, sei dahingestellt.

Desiree verabscheute seit diesem Erlebnis Wasser an sich selbst in jeglicher Form zutiefst, was sich beim Haarewaschen zu einem Problem ausweiten sollte. Dennoch wird sie mit sieben Jahren wie Felicitas auch das Seepferdchen – den Frühschwimmer – auf Anhieb ablegen.

WELTWISSEN SAMMELN

WIE DER MOND SEIN LICHT ANKNIPST

Wieder einmal waren wir bei den Großeltern im Schwarzwald. Auf der Heimfahrt wird es draußen allmählich dunkel und die Nacht bricht herein. Siegfried schaltet die Autoscheinwerfer an und sie tasten sich wie leuchtende Finger durch die Dunkelheit.

Desiree entdeckt den Mond. „Feli, guck mal, der rennt neben uns her" und nach vorne gewandt: „Papa, fahr schneller, der Mond will uns überholen." Felicitas versucht vergeblich ihre kleine Schwester aufzuklären. Mit fast fünf Jahren hat man natürlich schon längst die ersten naturwissenschaftlichen Erfahrungen gesammelt.

Und dann der entzückte, aufgeregte Ausruf: „Feli, guck mal, der Mond hat sein Licht ausgeknipst" – nach wenigen Sekunden folgt der Befehl: „Mond, Licht anmachen" und oh Wunder, just in diesem Augenblick kommt der gute, gelbe Mond hinter der Wolke hervor. Desiree klebt förmlich mit der Nase an der Autoscheibe. Sobald er sich hinter der Wolke versteckt, ruft sie im Brustton der Überzeugung: „Mond ada, Mond Licht aus. Mond heia machen." Und taucht der Planet wieder mit seinem runden Gesicht auf, fährt ihr kleiner Zeigefinger raketengleich in die

Höhe und durchsticht die Dunkelheit im fahrenden Auto. Ein neues, wunderbares Spiel ist für die nächsten Wochen geboren.

Und Felicitas spielt amüsiert mit – bis die kleine Schwester auch dieses Naturphänomen erfolgreich geknackt hat.

DEZEMBER 1984

ICH BIN ICH

Zum zweiten Geburtstag entdeckt Desiree sich selbst und das Wort „Ich" wird selbstbestimmt zu jeder passenden und nicht passenden Situation eingesetzt und erprobt. Sie hat die Mächtigkeit eines so kleinen Wortes aus drei Buchstaben intuitiv entdeckt. Um diesem Wort Nachdruck zu verleihen, löst sie Probleme mit Heulbojen-artigem „Gesang". Der Erfolg ist ihr fast immer sicher und sie macht die ungeheure Erfahrung, wie man ohne weiteren Einsatz und Anstrengung mit beachtlichem Erfolg lautstark und unmissverständlich Wünsche einfordert.

APRIL 1985

DAS IST ALLES MEINS!

Desiree ist in einer sehr besitzergreifenden und besitzbezeichnenden Phase. Alles wird als „Meins" deklariert und damit entdeckt sie, dass man „Besitz" klassifizieren und sich selbst zuordnen kann. Das ist mein Bett, mein Teddy, MEIN Papa, MEINE Mama. Damit versucht sie, ihre große Schwester Felicitas tüchtig zu ärgern.

Und was entgegnet diese ihrer kleinen Schwester sehr sachlich, sehr ruhig: „Mama hat zwei Kinder" und nach einer kleinen, bewussten Pause, die Desiree sprachlos werden lässt „... und ich war zuerst da". Damit ist alles gesagt.

Diese besitzergreifenden Behauptungen lösen sich nach wenigen Wochen im Nichts auf und verschwinden so schnell und spurlos, wie sie gekommen sind.

Alles ist verboten:

Aus dem Tagebuch unserer zweijährigen Tochter

» 6.30 Uhr: Mama rufen. Kommt nicht. Laut heulen. Darf im Bett mitkuscheln. Bin Sieger.

» 7.00 Uhr: Mama zusehen. Sie cremt sich ein. Fußboden eincremen. Toll. Mama schimpft. Fußboden schön machen ist verboten.

» 8.30 Uhr: Bauklotz in den Kaba fallen lassen. Spritzt toll. Mama ist böse. Verboten.

» 9.00 Uhr: Mit Mama in der Küche. Abfalleimer untersucht. Riecht nicht gut. Mama schimpft. Rausgeschmissen. Küche verboten.

» 10.00 Uhr: Mama ist im Arbeitszimmer. Papierkorb ausleeren. Alles verstreuen. Papierkorb aufsetzen. Super Hut. Mama lacht. Aufräumen ist doof.

» 10.45 Uhr: In die Küche gegangen. Zwei Schubladen rausziehen. Fallen runter. Laute Krachmusik. Mama wütend. Musikmachen verboten.

» 11.00 Uhr: Mamas dicken Filzstift stibitzt. Tapete verschönern. Ist verboten. Gibt Ärger.

» 11.20 Uhr: Will Keks haben. Mama gibt Apfel. Bin wütend. Apfel ins Klo schmeißen. Apfel schmeißen verboten.

» 12.00 Uhr: Im Garten Regenwurm finden. Schmeckt gut. Regenwurm essen verboten.

» 14.00 Uhr: Mittagsschlaf ist doof. Kleider ausziehen. Frieren. Mit Zähnen klappern. Klappern verboten.

» 15.20 Uhr: Im Sandkasten Kuchen backen. Wasserschlauch andrehen. Überschwemmung. Macht Spaß. Schwimmbad verboten.

» 16.10 Uhr: Papa anrufen. Polizei ist dran. Wegrennen. Wegrennen verboten.

» 17.30 Uhr: Es klingelt. Super, Papa kommt. Tür aufmachen. Ist nicht Papa. Tür öffnen gibt Ärger. Verboten.

WISSENSWERTES ÜBER PERU

(STAND 1980)

Peru ist eines der faszinierendsten Länder Lateinamerikas. Es ist das Reich der Inka, der sagenumwobenen Städte mit verschwenderischer Prachtentfaltung, mit eindrucksvollen Ruinenstädten und der sehr hohen Kultur der Inka.

Peru ist ein Land der größten Gegensätze: kahle Bergrücken und grüner Urwald, Küstenwüste und das Andengebirge, einsame Hochgebirgssteppen wie der Altiplano. Die Kordillerenkette mit dem 6.758 m hohen Huascarán. Dem höchstgelegenen schiffbaren See der Welt, dem Titicacasee, der auf 3.800 m Höhe liegt. Ein Land mit Wüste, Hochgebirge und Dschungel.

Berühmte Stätte und Ausgrabungsort ist Machu Picchu inmitten mächtiger Berge auf einem schwer zugänglichen Bergsattel in 2.280 m Höhe. Diese Stadt wurde von den Inkas angelegt und 1911 als Ruinenstadt freigelegt. Cuzco, die ehemalige Hauptstadt des Inkareiches, liegt auf 3.400 m. Beide Orte und der Titicacasee zählen zu magischen und größten Touristenzielen des Landes.

Perus Küste erstreckt sich über 2.500 km Länge. Dabei ist das Land nur etwa 100 km breit und wird immer wieder von Erdbeben erschüttert. Der kalte Humboldtstrom an der Küste verursacht nicht nur relativ niedrige Temperaturen, sondern schuf den wüstenhaften Charakter des gesamten Küstenstreifens.

Peru ist etwa fünf Mal so groß wie Deutschland und hat etwa 16 Millionen Einwohner.

Lima ist die Hauptstadt des Landes mit geschätzten acht Millionen Einwohnern. Im Sommer kann es bis zu dreißig Grad heiß werden, die Wintermonate haben eine sehr hohe Luftfeuchtigkeit von bis zu 97 % mit wenig Regen, aber viel Dauernebel mit Nebelregen. Die Kernstadt liegt 150 m hoch. Lima ist Regierungssitz, Sitz des Erzbischofs, Universitätsstadt, wichtigster Verkehrsknotenpunkt des Landes und hat eine enorme Zuwanderung aus allen Teilen des Landes. Lima wurde 1535 von Francisco Pizarro gegründet.

Ein Teil des Inkareiches wurde von den Spaniern unter Pizarro erobert, unterdrückt und ausgebeutet, die Indianerbevölkerung wurde vernichtet und abgeschlachtet. Schiffsladungen an Gold wurden nach Spanien transportiert.

Das Analphabetentum liegt auf dem Lande bei etwa 70 %, in den Städten bei 40 %. Kinder arbeiten bereits ab dem 4. Lebensjahr mit, obwohl die „Convencion de los Derechos del Niño" oder die „Código de Menores" in Peru seit dem 24. Jannuar 1966 die Kinderarbeit für Kinder unter 14 Jahren verbieten. In der Landwirtschaft und in den Bergwerken dürfen erst Jugendliche ab 15 Jahren arbeiten. Die Wirklichkeit ist aber eine andere.

Die Bevölkerung ballt sich um die großen Städte, insbesondere um die Hauptstadt Lima. Früher lebten 85 % der Bevölkerung auf dem Land, heute vegetieren 80 % der Bevölkerung in und um die Städte dahin, in den Barriadas oder Callampas, den Elendsvierteln, in elenden Behausungen aus Brettern und Matten.

Etwa 80 % der Bevölkerung lebt von der Landwirtschaft: Getreide, Baumwolle, Kartoffeln, Mais, Zuckerrohr, Kaffee, Kakao. In den Bergwerken schuften schon Kinder, um Blei, Kupfer, Zink, Silber und Gold zu schürfen. Die überwiegend katholische Bevölkerung besteht zu 53 % aus Indios, 34 % aus Mischlingen. Davon leben 65 % in den Urwäldern und 4 % der Menschen stammen aus Ländern Ostasiens. Nur 3 % gehören der weißen Bevölkerung an.

Grenzenlose Armut neben enormen Reichtum. Soziale Spannungen wirken wie Sprengstoff, der Terrorismus blüht. Bekannt ist der „Leuchtende Pfad" mit fanatischen Anhängern der gefürchteten Terroristengruppe „Sendero Luminoso", die die Revolution durch Gewalt herbeizwingen wollen.

Die Kindersterblichkeit ist enorm hoch. Verlassene Kinder, die Straßenkinder überleben in den Städten, wo Touristen sind. Sie sind flink, geschickt, überlebenstüchtig, nehmen jeden Job an, werden zu Drogenverkäufern abgerichtet, stehlen auf Bestellung, sammeln Müll, verdingen sich der Prostitution oder als billigste Arbeitskräfte im Haushalt der Reichen.

„niños de la calle" leben ganz auf der Straße, sie haben ihre angestammten Familien verlassen oder wurden ausgesetzt. Sie schließen sich zu Banden zusammen, um zu überleben. Sie schnüffeln an Klebstoff und Reinigungsmitteln und verätzen sich die Lungen, sie morden auch auf Bestellung. Diese Kinder haben keinen festen Schlafplatz, sie sind immer auf der Flucht. Ihr Gesundheitszustand ist sehr schlecht, sie erhalten keine medizinische Grundversorgung und die Straße ist ihre Familie, ihr Lernfeld und ihr Zuhause.

Für die Politik, die Polizei und den Staat sind sie „Bastarde von geringem Wert" oder „Freiwild" und für die „Ausrottung" freigegeben. „Lieber diese vagabundierenden Kinder umbringen, als Verbrecher großzuziehen", heißt es ganz amtlich.

JULI – AUGUST 1986

REISE IN DIE VERGANGENHEIT UND ZUKUNFT

1986 reisen wir mit unseren Kindern nach Peru und Guatemala. Felicitas soll nicht nur ihre „Wurzeln" entdecken und erfahren, woher sie kommt und wie das Leben für sie in Peru ausgesehen haben könnte, sondern wir wollen sie mit ihrem wundervollen Land und seiner beeindruckenden Kultur vertraut machen. In ihrem Herzen, so hofften wir, könnten wir ein Samenkorn legen, das sie später einmal befähigt, in beiden Welten zu Hause zu sein.

Auch Siegfried möchte sein tiefes Interesse für die Geburtsländer seiner heiß geliebten Töchter hautnah erfahren, seine Gerüche schmecken, seine Kultur entdecken, die Landschaften und seine Geschichte vertiefen. Die Länder unserer Kinder sollen zu unseren Ländern werden, die tief in uns fest verwurzelt werden und zu uns gehören – ein Leben lang.

BEGEGNUNG

MIT EINEM GANZ BESONDEREN MENSCHEN

Als wir unsere Kinder adoptierten, stand bereits fest, dass sie vor ihrer Einschulung eine Reise in ihre Geburtsländer mit uns unternehmen sollten. Sie sollten hautnah riechen, fühlen, hören und ihr Heimatland entdecken. Jedes Kind möchte wissen, woher es kommt.

Bepackt mit fünf großen Koffern, von denen wir nur noch mit einem zurückkreisen, machten wir uns auf die abenteuerliche Reise in das Inka- und Mayareich. Über München und Madrid ging der Flug nach Costa Rica, eine Inselgruppe vor Mittelamerika, und weiter nach Lima. Die Töchter schliefen auf mitgenommenen, aufgeblasenen Kinderluftmatratzen.

Nach 36 Stunden Reisezeit landeten wir mit großem Herzklopfen in Lima, der Hauptstadt des südamerikanischen Andenstaates Peru. Die erste große Überraschung erwartete uns in der Gestalt des 67-jährigen Mann Gottes, dem Bischof aus Tarma. Er lebte und arbeitete seit 30 Jahren hier.

In seinem schnaubenden Jeep fuhren wir von Lima, das am Pazifik liegt, über den Andenpass Abra Antigona auf einer Höhe von 4.843 m. Das Atmen fiel schwer und die Höhenkrankheit erwischte uns trotz Medikamenten. Hinunter ging es auf 3.200 m nach Tarma, das in den braunen, kahlen Bergen, eingebettet in ein fruchtbares Tal, vor uns lag. Ein kleiner Bischofssitz mit 40.000 Einwohnern. Für die 240 km von Lima nach Tarma hatte der Jeep sechs Stunden Fahrt benötigt.

WO ES LIEBE UND NÄCHSTENLIEBE GIBT,

DORT IST GOTT

Am Eingang zum bescheidenen Bischofssitz begrüßte uns ein Tor mit der Inschrift: „Donde hay amor y caridad, alli esta Dios" (Wo es Liebe und Nächstenliebe gibt, dort ist Gott).

Und das lebte dieser Mann von sechs Uhr morgens bis spät in die Nacht täglich ganz selbstverständlich vor. Wo immer wir hinkamen, ob auf dem Pass, wo er eine Familie in einer winzigen Steinhütte bei Schnee und Eis betreute oder in den Lehmhütten des Ortes, in denen auf etwa 10 qm acht bis zehn Menschen leben, wurde er umringt, nicht als Bischof, sondern als Mensch. Dies beeindruckt mich noch heute.

Er wurde wie ein Vater begrüßt und war der Hoffnungsträger der Region. Ein liebevoller Betreuer, einfühlsamer Begleiter und wundervoller Mensch. Auch für uns wurde er im Handumdrehen der beste Freund. Er baute besonders Felicitas eine Brücke zu ihrem Volk und machte sie behutsam mit dem Leben der Indios vertraut, zeigte ihr, wie die Menschen, vor allem die Kinder hier leben. Für uns Erwachsene sind es schmerzliche Begegnungen, den verzweifelten Kampf der Mütter und Kinder real zu erleben. Bitter ist, akzeptieren zu müssen, dass Menschen sterben, nur weil sie arm sind. Es tut weh zu sehen, wie Kinder ab Sonnenaufgang schuften und sich dann in die düsteren, überfüllten Räume einer Schule zwängen. Da sitzt der Sechsjährige neben dem Zwölfjährigen oder Zwanzigjährigen und paukt das ABC. Dieser Bischof hatte in seiner Bergstadt eine Schule, ein Sozialzentrum, Mütterschule, Waisenhaus, Zahnklinik und einen Radiosender aufgebaut und gegründet. Unsentimental, fast nüchtern und schlicht brachte er uns sein geliebtes Peru nahe und Felicitas wich nicht von seiner Seite.

IM WAISENHAUS

IN TARMA

Ein Besuch in seinem Waisenhaus war nicht nur für Felicitas berührend. Alle 45 Kinder waren zur Begrüßung angetreten. Wir verteilten Süßigkeiten und zwei Koffer Kinderbekleidung. Kein Kind lachte. Niemand drängelte. Es lag eine unheimliche Stille über den Kindern.

Voller Stolz führten uns die Kinder durch ihr Zuhause: alles ganz, ganz einfache Zimmer mit Stockbetten, ein Schrank ohne Türen und fast leer, kein Kinderspielzeug. Die größeren Kinder zeigten uns nicht nur voller Stolz ihre Hausaufgaben, sondern fragten uns ganz verstohlen und leise: „Nimmst du uns mit?"

Wir sahen die Bitte und die Hoffnung – und konnten nichts tun. Die Kinder würden nicht begreifen, dass ihr Staat Adoptionen nicht zulässt. Das zerriss mir fast das Herz.

Felicitas möchte unbedingt ein kleines Mädchen mit einem grünen Kleid mitnehmen. Sie erahnt, was es bedeutet, in Peru ein Kind zu sein. Später zieht sie mit ihren sechs Jahren Parallelen zu sich. Viele Gespräche führt sie mit dem Bischof, von ihm will sie authentische Antworten haben. Was sie innerlich empfindet, zeigen ihre Zeichnungen: Kinderköpfe aneinandergereiht, ohne Gesicht, in langen Schlangen im Waisenhaus, aber auch Lamas und Alltagsbilder aus Peru. Und noch etwas fragt sie uns: „Mama, warum lachen die Kinder in Peru nicht?!" Und da wird mir klar: Wir haben auf unserer Reise noch kein lachendes Kindergesicht gesehen.

WIEDER

IN LIMA

Zurück in Lima besuchen wir die Adoptionsstationen, machen Erinnerungsfotos. Suchen dieselben Plätze und Gebäude wie vor sechs Jahren auf.

Vom braunen Land Peru ins grüne Land Guatemala. In Peru werden durch die „Senderos Luminoso", den „Leuchtenden Pfad" immer wieder Terroranschläge verübt. Und so gestaltet sich der Weiterflug nach Guatemala schwierig. Flugzeuge verlassen nur noch nachts den Flughafen und die Abflugzeit wird geheim gehalten. Die Kontrollen sind nicht nur mehrfach, sondern sehr ausgiebig und streng. Mit zweistündiger Verspätung hebt der Riesenvogel ab.

IM LANDE DER MAYA

Nach sechs Stunden Flugzeit landen wir bei den Nachfahren eines der bedeutendsten Kulturvölker der Welt, mit 4.000-jähriger Geschichte, seiner Magie und seinem Mythos in Guatemala. Auch hier liegt das Analphabetentum bei 60 %. Auch hier umkränzt ein riesiges Elendsviertel jede Stadt. Auch hier ist das Elend der Menschen fast unerträglich, 90 % leben in unglaublicher Armut. Die Kindersterblichkeit liegt noch immer bei gut 60 %, genauso hoch ist der Anteil der Indios (Maya), dann kommen noch die Mestizen, die Mischlinge, dazu und den winzig kleinen Rest bilden die Gringos, die Weißen.

Ingrid und ihre Familie empfangen uns freudestrahlend am Flughafen. In den darauffolgenden Tagen lernen wir das kleine Land mit etwa 7 Millionen Einwohnern, zwischen der Karibik und dem Pazifik gelegen, näher kennen.

TOTONICAPAN

Mit dem Bus machen wir uns auf den langen Weg, unser Patenkind Rosa Victoria zu besuchen. Das zentrale, grüne Hochland liegt auf 1.300 bis 1.800 m Höhe und hat die höchsten mittelamerikanischen Vulkane (über 4.000 m). Hier leben die meisten Menschen. Unterwegs wird der Bus plötzlich von bewaffneten Soldaten gestoppt. Alle Fahrgäste müssen aussteigen, die Männer nach links, die Frauen und Kinder nach rechts. Wir sind die einzigen Ausländer. Die Gewehre sind auf die Männer gerichtet. Siegfried will protestieren, erkennt aber die drohende Gefahr einer Widerrede. Als sie keinen Terroristen entdecken, dürfen wir einsteigen. Die Mitreisenden haben diese Szene unbeeindruckt und gelassen über sich ergehen lassen, es ist Alltag. Wir Gringos sind zu Stein erstarrt, geschockt und fassungslos.

Nach sechs Stunden Fahrt erreichen wir Quetzaltenango, die drittgrößte Stadt des Landes, im grünen Hochland gelegen. Tags darauf fahren wir mit einem alten, klapprigen blauen Bus, dem „Blue Bird" nach Totonicapan, um unser Patenkind Rosa Victoria und ihre Familie kennenzulernen. Der vollbepackte Indio-Bus tuckert vor sich hin. Wir werden neugierig beäugt und auch ausgefragt. Mein Spanisch scheint verständlich. Die Mitreisenden lauschen ungläubig unserer Geschichte, es ist ihnen nicht möglich, eine Adoption nachzuvollziehen. Sie können es nicht glauben, dass Kinder in Deutschland spielen, lachen, lernen und nicht arbeiten. Sie berichten mir von ihren Schicksalen, lassen mich eine Winzigkeit an ihrem Leben teilnehmen. Sie erklären uns ganz sachlich, dass sie es kaum glauben können, dass wir um die halbe Welt gereist sind, dass wir unsere Kinder über alles lieben und ihnen nun ihr Land zeigen möchten. Kurzum: Wir Gringos müssen völlig verrückt sein. Dann die Begegnung mit unserem Patenkind, die wir über World Vision betreuen. (Wir werden ihr später eine Ausbildung als Schneiderin ermöglichen). Das kleine Haus besitzt einen einzigen, großen Raum mit gestampftem Lehmboden. Voller Stolz präsentiert uns der Vater das elektrische Licht und das fließende Wasser, das mit unserer finanziellen Unterstützung gelegt wurde. Eine Kostbarkeit in den Bergen.

Die ganze Familie wird betreut und unterstützt, um über Hilfe zur Selbsthilfe leben zu lernen.

Der kleine Raum füllt sich immer mehr, über zwanzig Familienmitglieder strömen herbei.

Unsere Kinder brechen sofort das Eis, verschenken Süßigkeiten, heiß begehrte Kugelschreiber, die 20 kg mitgebrachte Kinderbekleidung und der Vater ist sprachlos über das mitgebrachte Kofferradio samt Adapter.

Wir besuchen die Schule, gehen mit der Familie und den begleitenden Gästen, Bürgermeister, Schulleiter und World Vision Begleitung hinunter in die Stadt. Unser Patenkind darf sich traditionell einkleiden mit Bluse, Stola, rosa Schürze, buntem Wickelrock, Jacke und Schuhen – auch die Mutter erfüllt sich Wünsche. Alles wird in das bunt gewebte Tuch eingebunden und die Kostbarkeiten werden in luftiger Höhe auf dem Kopf balanciert und glücklich nach Hause getragen. Der Vater verdient sich mit kleinen Spanschachteln, die er herstellt und mit Süßigkeiten füllt, etwa 40 DM im Monat. Seine elf Kinder teilen sich im Wechsel ein Bett.

Als wir uns am Ende des langen Tages voneinander verabschieden, glitzern in den Augen der harten Männer Tränen. Man schließt uns fest in die Arme und als der Bus los ruckelt, tönt uns ein „Gott schütze euch" nach. Die Rückreise ist ruhig, die Kinder sitzen wie wir in Gedanken versunken, aber auch erschöpft im Bus. Betroffen fragen wir uns während der Heimfahrt stumm, womit wir es verdient haben, nicht hier geboren worden zu sein.

In der Hauptstadt zurück genießen wir mit Ingrid und Familie zwei Tage lang den wunderschönen, 1.560 m hoch gelegenen schwarzblauen, bis zu 320 m Meter tiefen Attitlansee. Majestätisch ruht der 26 km lange See in einem Vulkankrater, eingebettet zwischen grünen Bergen, umrahmt von drei mächtigen Vulkanen. Am Nachmittag, während wir Erdbeeren eingetütet in grüne Palmblätter genießen, ballen sich hinter den Vulkanen mächtige Wolken zusammen. Für uns ein großes Naturschauspiel, für die Einheimischen ein fast alltäglicher Anblick. An den Berghängen liegen Farbtupfern gleich malerische kleine Dörfer mit rein indianischer Bevölkerung und ihren bunten Indiomärkten. Schon die Kleinsten mit drei bis vier Jahren beeindrucken uns durch ihr unglaubliches Verkaufsgeschick. Sofort bildet sich eine Kindergruppe, umzingelt uns und zufrieden genießen die Kinder ihre Verkaufserfolge. Jedes Dorf trägt seine eigene farbenprächtige selbst gewebte Tracht. Dann fahren wir an den fruchtbaren Küstenstreifen des Landes an den Pazifik. Da es Regenzeit ist, ist es feucht-tropisch warm.

Auf der Finca von Oma Stella, Ingrids Mutter, dürfen wir Kaffee pflücken, Ananasstauden auf großen Feldern und hohe Kokospalmen bewundern und Bananen ernten. Mit einer Machete werden die haarigen braunen Kokosnüsse aufgeschlagen, der Straßenverkäufer steckt einen Plastikstrohhalm hinein und wir schlürfen das leckere süßliche Getränk. Dabei lernen wir die Menschen, die hier arbeiten und ihre Lebensgeschichten kennen.

Der Abschied nach zwei Wochen von Ingrid und ihrer Familie und dem wunderschönen Land fällt uns sichtlich schwer. Und so kehren wir nach fünf Wochen mit nicht ganz leichtem inneren Gepäck nach Deutschland zurück. Wir haben uns auf gemeinsame Spurensuche begeben, entdeckten zwei unterschiedliche Länder, lernten ihre Kulturen achten und lieben und es ist uns bewusst, dass wir noch viel Zeit benötigen, um alle inneren und äußeren Eindrücke, Gefühle, Bilder und Erlebnisse zu verarbeiten.

ANHANG UND NACHWORT

FÜR DESIREE

In Guatemala benutzen die Wohlhabenden Flugzeuge zur Flucht. Die normalen Menschen fliehen zu Fuß, mit dem, was sie am Körper oder auf dem Kopf tragen können.

Die rechte Militärdiktatur in Guatemala hat sich geweigert, einen Emissär des Genfer Flüchtlings-Kommissariats der Vereinten Nationen ins Land zu lassen, obwohl etwa 100.000 Guatemalteken allein im Nachbarland San Salvador Zuflucht suchten.

Flüchtende, die in den USA erwischt werden, werden abgeschoben, Monat für Monat etwa 800 Menschen (Spiegel 36/1982). Die Mehrheit der Flüchtlinge befindet sich in Mexiko. Allein in der Armut des mexikanischen Bundesstaates Chiapas krochen 50.000 und mehr Menschen aus dem benachbarten Guatemala unter.

Frauen, die in Erdlöchern kochen, Kinder mit dick geschwollenen Bäuchen, Scharen zerlumpter und barfüßiger, windige Hütten aus Blättern, Bambus, Gras oder Zelte aus Planen und Plastik, überquellend von Menschen und stinkende Latrinen.

Die Felder der Flüchtenden werden in Guatemala von den Soldaten niedergebrannt, sie schleppen Flüchtende nach Guatemala zurück oder martern sie zu Tode.

Im Grenzgebiet nach Honduras spielen sich dieselben schrecklichen Szenen ab. Die Flüchtlinge hausen in den weiten Sumpfgebieten, in dem die Lastwagen mit Nahrungsmitteln der UN stecken bleiben. Verbrannte Dörfer bleiben zurück und unzählige Tote.

Am Tag des Massakers vom 14. Mai 1980 schossen honduranische Soldaten von vorne, salvadorianische Soldaten von hinten und von oben aus Hubschraubern heraus, als ein Treck von 700 Flüchtlingen die Grenze am Rio Sumpul überschritten. Vermutlich starben 600 Flüchtlinge im Kugelhagel. Am 18. März 1981 ein zweites Massaker und drittes Massaker am selben Ort kostete weitere Hunderte von Menschenleben.

Eine ungeheure Völkerwanderung findet statt, überall kommt es zu Zusammenstößen zwischen Volk und Armee. Tausende von Menschen werden gezwungen, die schwerste Entscheidung ihres Lebens zu fällen: zu flüchten. Auch Costa Rica nimmt Flüchtlinge auf.

EL SALVADOR

Der kleinster Staat Zentralamerikas, etwa so groß wie Hessen, 5 Millionen Einwohner, grenzt mit seiner Provinz Ahuachapan an Guatemala, bis 2.700 m hoch aufsteigende Vulkanketten (61 Vulkane besitzt das Land), 1979 Militärputsch und blutige Militärdiktatur mit Bürgerkrieg von 1980 – 1991 mit über 70.000 Toten.

1992

FRIEDENSNOBELPREIS FÜR RIGOBERTA MENCHU

Rigoberta Menchu kämpft für und um ihr Volk und unterstützt den Volkswiderstand. Sie setzt sich für soziale Gerechtigkeit ein, kämpft für ihr Maya-Volk, wird zum starken Symbol für Versöhnung über alle sozialen, kulturellen und ethischen Grenzen hinweg. Sie ist eine Quiche-Maya-Nachfahrin und setzt sich mit ihren 33 Jahren für einen gewaltfreien Fortschritt, für die Menschenrechte und die Rechte der indigenen Bevölkerung Guatemalas ein. Sie wird 1992 mit dem Friedensnobelpreis ausgezeichnet, die Regierung Guatemalas boykottiert die Verleihung und bleibt dieser fern. Nach elf Jahren Exil kann sie in ihr Heimatland zurückkehren. (Lamuv Verlag 1993: Rigoberta Menchu. Leben in Guatemala. von E. Burgos)

GUATEMALA AUGUST 1992

In einem unblutig verlaufenden Putsch wird Efrain Rios Montt als Präsident des 7 Millionen zählenden Staates Guatemala gestürzt. Er hat seit März 1982 das Land regiert und dabei zehn Versuche überstanden, ihn zu stürzen.

GUATEMALA 1996

FRIEDENSVERTRAG

Ein Friedensvertrag wird geschlossen und die indianische Mehrheit wird endlich wieder ernst genommen. 500 Jahre Unterdrückung und Sklaverei haben nicht die Identität und Kultur der heutigen Maya vernichten können.

Die Kirche hat es versäumt, Mutter Erde und den christlichen Vater im Himmel miteinander zu verbinden. Der Friedensvertrag sichert nach einer Jahrhunderte dauernden Leidensgeschichte, nach Ausbeutung, Diskriminierung und rassistischer Verfolgung den Indigenen neue Rechte zu. Die seit 1960 dauernde Wirtschaftskrise, Repressionen, Militärdiktatur, Massaker und Gewalt finden nach 36 Jahren Terror ein Ende.

Es werden 100.000 politische Morde, 40.000 verschwundene Menschen, 140.000 Tote, 200.000 Flüchtlinge in Nachbarländern und eine Million Vertriebene im eigenen Land registriert.

440 Dörfer wurden dem Erdboden gleich gemacht. Jeder zweite Hochlandbewohner musste fliehen. Nach dem von der UNO Kommission 3.600 Seiten starken Bericht ist es erwiesen, dass 90 % der Morde und Massaker von der Armee und den Sicherheitskräften des Landes durchgeführt wurden. In 83 % aller aufgelisteten Fälle waren die Opfer unter den Indigenen zu suchen. Der Bericht spricht von einem „Genozid an den Nachfahren der Maya". 1998 gibt dieser Bericht die Zahl der Ermordeten sogar mit 150.000 und 50.000 spurlos Verschwundenen an.

1998

DIE VERGANGENHEITSBEWÄLTIGUNG GUATEMALAS

Morde, Vertreibungen, Gewalt, Grauen, Tod werden mit der Politik „Schwamm darüber" abgetan. Und das nach 36 Jahren Bürgerkrieg. 1998 patrouilliert das Militär in den Straßen als innenpolitische Kraft, wachsende Kriminalität, Selbstjustiz, Gewalt, Lynchmorde häufen sich.

Was wir über unser 2010 aktuelles Patenkind Emma in Guatemala-Stadt politisch erfahren: Es hat sich daran nichts geändert (Familienhilfe Lateinamerika & Osteuropa, Bad Honnef).

WISSENSWERTES

ÜBER GUATEMALA

» Guatemala, das Land der Maya, der leuchtenden Farben und des ewigen Frühlings.
» Der Name „Guatemala" bedeutet: Reichtum an grünen Bäumen, grünes Land.
» Land: Republica de Guatemala, etwa 10 Millionen Einwohner
» Nachbarstaaten: Mexiko, Belize, El Salvador und Honduras
» Die Ozeane: Karibik und Pazifik
» Größe: 108.889 qkm
» Währung: Quetzal
» Hauptstadt: Guatemala-Stadt, 1 Million Einwohner (geschätzt aber auf mindestens 2 Millionen)
» Religion: 75 % Katholiken, Rest: andere Sekten und Glaubensgemeinschaften

- » Stämme: 50 % Maya, 40 % Mestizen (Mischlinge), 5 % Weiße, 2 % Schwarze, 3 % sonstige
- » Indigene nennt man die Nachkommen der Maya: 65 %
- » Ladinos nennt man die Nachkommen der Indianer und Weißen: 30 %
- » Mestizen: Mischlinge aus einem Weißen und indianischen Elternteil. 30 %
- » Wirtschaft: 60 % Landwirtschaft
- » Export: Kaffee, Zucker, Bananen
- » Sprache: Amtssprache ist Spanisch und etwa 20 verschiedene Indianersprachen und Dialekte
- » Beschäftigungen: Landwirtschaft 50 %, Industrie 17 %, Dienstleistungen 30 %, Arbeitslosigkeit und Unterbeschäftigung 65 %
- » Armut: In der Stadt 80 %, auf dem Land 90 %
- » Kinderarbeit: „Niños de la calle" Straßenkinder 5 %. Sie schlafen und arbeiten auf der Straße in den Städten. 95 % der Kinder arbeiten bis zu 18 Stunden am Tag außerhalb ihrer Unterkunft.
- » Kindersterblichkeit: Bei 1.000 Kindern unter fünf Jahren sterben 40 Kinder. Nur jedes dritte Kind wird erwachsen.
- » Bildung: Analphabetentum in der Stadt liegt bei 50 %, auf dem Land bei 85 %
- » Kinderberufe: In der Plantage, Landwirtschaft, Schuhputzer, Zeitungsverkäufer, Gehilfe, Autowäscher, Sänger in Bussen, Kinderprostitution, Sachen verkaufen, Müll sammeln. Kriminalität wird zur Überlebensfrage vieler Kinder. Mädchen arbeiten als Hausangestellte, Wäscherinnen. Klebstoffschnüffeln vertreibt die Kälte und den Hunger, verätzt die Kinderlungen. Elternlose Kinder schließen sich zu Kinderbanden zusammen, diese werden ihre neuen Familien.
- » Unterkunft: 30 % der Menschen leben in Elendsvierteln, Hütten und Bretterverschlägen.
- » 50 % der Menschen sind ohne Trinkwasseranschluss, 75 % ohne Stromversorgung.
- » In Slums und auf dem Land ist die Lage noch brisanter.

» Landflucht: Sehr hoch. Wer in der Stadt lebt, haust meistens in Slums.

» Gesundheit. Nur 8 % haben eine Sozialversicherung. Jeder Arztbesuch kostet Geld. Krankenhausaufenthalt muss selbst bezahlt werden, ebenso Impfungen und Medikamente: Die Gesundheitsversorgung ist katastrophal: Masern, Durchfall, Grippe, Atemwegsinfektionen, Fehlernährung, unreines Trinkwasser besonders in der Regenzeit sind die häufigsten Todesursachen. Obdachlosigkeit, Kinderarbeit, Alkohol kommen hinzu.

» Religiosität: Die Volksfrömmigkeit orientiert sich stark nach dem „Leiden Jesu" und dem „Schmerz der Maria". Spirituelle Identifikation vermischt sich mit den verschiedenen Religionen und Sekten. Das seit Jahrhunderten unbeschreibliche Leid und Leiden des Landes rückt somit stark in den Mittelpunkt.

» Bevölkerung: Jeder zweite Guatemalteke ist unter 15 Jahren.

» Lebenserwartung: Bei den Indigenen liegt sie bei etwa 45 Jahren, bei den Ladinos bei 60 Jahren. Auf dem Land niedriger als in der Stadt.

» Klimazonen: Bis 800 m Tierra Caliente: heiß, tropisch schwül an den Küsten der Karibik und des Pazifiks. Bis 1.700 m Tierra Templada: Gemäßigte Zone mit warmen Tagen und kühlen Nächten. Über 1.700 m Tierra Fria: Kühles Hochland, Vulkane, Wälder.

» Wappentier: Quetzal, Tropenvogel mit meterlangen Schwanzfedern, blaugrünem Rücken und dunkelrotem Bauch. Heute ist der Vogel fast ausgestorben.

» Auszeichnungen: 1967 erhält Miguel Angel Asturias den Literaturnobelpreis für sein Lebenswerk. Rigoberta Menchu erhält 1992 in Oslo den Friedensnobelpreis.

» 30 % Analphabetenrate

» 60 % sind römisch-katholisch, 30 % protestantisch oder freikirchlich

» Guatemala-Stadt soll geschätzt 3,5 Millionen Einwohner haben, Quetzaltenango 115.000 Einwohner.

» 60 % der Menschen haben eine europäisch-indigene Abstammung, davon 40 % Indigene, meist Maya-Nachkommen. 53 verschiedene indigene Sprachen, überwiegend basierend auf die Maya, sind bekannt.

» 2008: Guatemala wird eine Präsidialrepublik

» 1994: Abkommen über Menschenrechte und weitere Friedensverhandlungen

» 1995: Rechte und Identität der Maya und indigenen Völker werden getroffen und Alvaro Azur

» wird zum neuen Präsidenten gewählt

» 1996: Waffenstillstand. Nach zehn Jahren Friedensverhandlungen mit dem Guerillaführer Rodrigo Asturias wird der Friedensvertrag unterzeichnet.

» Nach 36 Jahren Bürgerkrieg greift der Friede: Ende der Gewaltherrschaft in Guatemala.

FÜR MEINE MAMA

DIE GESCHICHTE

Es war einmal ein kleines mädchen das hate keine eltern mehr und sie his Maria. So ging sie weinent durch die Welt. Sie wollte eine Muter und einen Papa und viele Freunde. Ob ihr wunsch in erfülung gehen wird? Ich kann nur Dreumen davon! Ein es Tages sa sie eine Frau und einen Mann aus einer kutsche. Sie wolltn das kleine Mädchen auf nehmen. Das freute das kleine Mädchen natürlich !! Und nun lebt das kleine Mädchen zeit filen Jahren bis es nich mehr lebt!

Malbild: Neben der Überschrift: Weinendes Mädchen. Unten: Vater, Mutter, Kind und Pferd.

Bericht der Klasse 1

Zeugnis Desiree Klasse 4a am 30. Juni 1993

Religion: sgt	Text, Werken: gut
Deutsch: gut	Musik: sehr gut
Heimat/Sachkunde: gut	Sport: gut
Mathematik: gut	Schrift/Gestaltung: sehr gut

RESÜMEE NÜRTINGEN

IM MÄRZ 2010

„Wenn auf die Erde ein Stern vom Himmel fällt,
erblickt irgendwo ein Neugeborenes das Licht der Welt.
Herbeigesehnt haben wir so lange diesen Augenblick,
euch in den Armen halten, ein unendliches Glück.
Von Peru und Guatemala, auf ungewöhnlich fliegende Weise,
brachte uns das Schicksal nach weiter
und langer Reise zwei wunderbare Töchter.
Die Jahre entschwinden,
kostbare Erinnerungen bleiben zurück,
wie schön, dass wir uns fanden, ein Meisterstück.
Mit euch haben wir den tiefen Sinn
unseres Lebens gefunden und bleiben verbunden"

ADOPTION

EIN ABENTEUER MIT GLÜCKLICHEM AUSGANG

Ein Wagnis per Zufall, schicksalhaft zusammengeführt in einem unerwarteten Augenblick des Lebens von Eltern und Kindern. Adoptiveltern werden aber auch mit anderen Maßstäben gemessen, vermessen, katalogisiert, eingestuft, überprüft, beobachtet als leibliche Eltern. Was bei den einen „natürlich" ist, scheint bei Adoptiveltern als Eltern der zweiten Garnitur „eigensüchtig" zu sein. Die Zahl des Missbrauchs bei Adoptionen ist sicher weit weniger als das Versagen in natürlichen Familien, denke ich an Kindesmissbrauch im körperlichen, geistigen, seelischen oder moralischen Bereich in der Regelfamilie.

WAS KANN ES FÜR EIN KIND BESSERES GEBEN

ALS ERWÜNSCHT ZU SEIN UND GELIEBT ZU WERDEN?

Adoption verändert alles, und zwar schlagartig. Es gibt keine neunmonatige Vorbereitungszeit auf das große Ereignis. Die Verwandlung, der Übergang, die Wende erfassen nicht nur das Kind, sondern auch die Eltern und die gesamte Familie inklusive der Umwelt und das Berufsfeld. Adoptivkinder aus „Der Dritten Welt" haben in ihrem Heimatland nur geringe Überlebenschancen. Adoptivkinder haben häufig kein Urvertrauen in die Welt, in die sie hineingeboren wurden, aufbauen können. Welche Folgeschäden oder Spätfolgen in der Gesamtpersönlichkeit des Kindes dieser erste Lebensabschnitt haben wird, lässt sich nicht einschätzen. Mit viel Liebe, Geborgenheit, Glück und Fürsorge gibt es Wege, diese Einschnitte „heilen" zu können.

Unsere Kinder haben zwei Heimatländer, zwei Kulturen, zwei Familien, zweimal Geburtstag und zwei Adoptionsverfahren. Unsere Kinder sind auch hier einmalig. Adoption bedeutet aber auch, Glück und Liebe zu schenken – und Liebe zu finden, ein Leben lang.

ADOPTION

EIN HINDERNISLAUF

Als am Sonntag, den 13. März 1983, Ingrid aus Guatemala unsere Tochter Desiree über das Taufbecken hielt, ahnten wir noch nicht, dass dies der Beginn einer langen Freundschaft von 23 Jahren sein würde. Und diese Freundschaft war der Grundstein für weitere Adoptionen. Zehn Jahre später feierten wir unser erstes großes Adoptionsfest und begrüßten das zwölfte Kind in Baden-Württemberg. Es war auch die Gelegenheit, dem Jugendamt in Kirchheim und damit Frau Bode für ihre intensiver Mitwirkung, Unterstützung, unermüdliche Gesprächsbereitschaft, ohne deren Einsatz und Hilfe die meisten dieser zwölf Kinder hier keine Familie gefunden hätten, Dank zu sagen.

Nicht alle Adoptionen verliefen problemlos. Es gab Wartezeiten bis zu zwei Jahren, aber auch nicht geglückte Adoptionen, weil die Kindsmutter am Ende des Adoptionsverfahrens sich für ihr Kind entschied. Eine beruhigende Erfahrung für mich, aber eine schmerzliche für die wartenden Eltern. Es gab auch Kinder, die die Adoptionsfreigabe in Guatemala nicht erleben durften und verstarben. Es gab Eltern, die überraschend nach wenigen Monaten ein Kind in den Armen hielten und andere, die alle Tiefen und bitteren Enttäuschungen durchleiden mussten bis sie endlich ihr Kind in den Armen wiegen durften. In all den Jahren entstanden nicht nur lose Freundschaften oder Interessensgemeinschaften, sondern tiefe Freundschaften, die bis heute gepflegt werden.

Bei jedem Besuch von Ingrid laufen die Fäden in unserem Haus zusammen, wann wird sie wo untergebracht, wer zeigt ihr an welchem Tag die Schönheit unseres Landes, welche neuen Familien treffen sich wann und wo. Diese halten über Jahre Kontakt zu den Adoptionsfamilien wie auch das Jugendamt und können den Werdegang dieser Kinder hautnah miterleben. Während wenige Jugendämter das Gesetz nicht nur verkörpern, sondern neu erfinden, sind andere bereit, „Menschen im Dienst der Menschen" zu leben.

1997 verabschiede ich mich als „Ehrenamtliche" dankbar von Familie Chavarria und den Adoptionsfamilien. Später wird sich herauskristallisieren, dass niemand gefunden werden konnte, diese Arbeit als Bindeglied zwischen Ämtern und neuen Adoptiveltern weiterzuführen.

FAZIT

Im Zeitraum 1982 bis 1997, also in 15 Jahren fanden 12 Mädchen und 8 Buben eine neue Familie in Baden-Württemberg. 6 Kinder holten die Eltern selbst in Guatemala ab. Zweimal brachte Ingrid gleich zwei Kinder über den Großen Teich. Ingrid war 12-mal hier zu Gast, mit einem ihrer beiden Söhne oder mit ihrer Mutter Stella, aber auch mit Christin, einer langjährigen Pflegemutter der Kinder, und zweimal mit der ganzen Familie. Das erste große Adoptionsfest organisierte ich 1993. Danach mussten einmal werdende Eltern ein großes Durchhaltevermögen zeigen. Ein Adoptionsantrag dauerte zwei Jahre. Aber diese Familie kämpfte unglaublich um ein Kind.

Beim Abschiedsfest 1997 bedankten sich Eltern und Kinder mit einem Gedicht voller guter Wünsche, mit Rosen, den Lieblingsblumen von Ingrid, persönlichen Geschenken, einem wunderschönen Erinnerungsteller, der alle Kindernamen mit Geburtsdaten enthielt und einem dicken, liebevoll gestalteten, ganz persönlichen Buch der größeren Kinder und aller Familien.

Zwanzig Kinder waren in Deutschland angekommen, zwei Adoptionen liefen noch. Die kürzeste Adoptionszeit lag bei drei Monaten, sechs Kinder benötigten bis zu 16 Monaten. Sieben Familien bekamen noch ein guatemaltekisches Geschwisterkind, eine Familie nahm ein Adoptivkind aus einem anderen Land auf und eine Familie hatte bereits eigene Kinder.

DEZEMBER 2008

INGRIDS LEBENSBUCH WIRD GESCHLOSSEN

Im November 2008 erfüllte sich Ingrid ihren größten Wunsch: Noch einmal nach Deutschland zu reisen, um sich von „ihren" Kindern zu verabschieden. Nur wenige Eingeweihte ahnten, dass sie schwer erkrankt war. Der Krebs hatte sie sehr gezeichnet.

Es ist wunderschön und berührend, an diesem kühlen Herbstmittag hoch über der Stadt Esslingen zu erleben, was aus diesen Kindern geworden ist. Die ersten stehen mit 26 Jahren mit beiden Beinen fest im Beruf oder studieren, die jüngsten drücken mit elf Jahren noch die Schulbank. Alle haben sich prächtig entwickelt, haben ihren Platz in ihrem Leben gefunden und ihre musischen Talente entwickelt. Allen Eltern geht es gut.

Auch Frau Bode vom damaligen Jugendamt Kirchheim ist als Ehrengast mit dabei. Sie stellte sich an die Seite der Kinder und zukünftigen Adoptionsfamilien, ist Auslandsadoptionen gegenüber nicht nur aufgeschlossen, sondern begleitet und berät weit über das Amtsmaß hinaus. Sie wird zum Bindeglied und lebendiger Brücke zwischen Kindern in Guatemala und Adoptiveltern in Deutschland. Ich habe bis heute noch Kontakt zu ihr und einmal im Jahr besucht sie uns.

Knapp vier Wochen später erhalten wir die traurige Nachricht, dass Ingrid am 20. Dezember 2008 mit nur 56 Jahren ihrer schweren Krankheit erlegen ist. In unseren Herzen und in „ihren" Kindern wird sie weiterleben.

UNSERE TÖCHTER 1998

EIN PORTRAIT

FELICITAS

Geprägt durch die ersten Lebensmonate ist Felicitas ruhig, beobachtend, abwartend, zurückhaltend. Ihr Urvertrauen in das Leben und die Welt wurden in der ersten Lebensphase erschüttert und aus dem Gleichgewicht gebracht. Sie musste um ihr kleines Leben kämpfen, um Nahrung, Liebe, Zuneigung und ums Überleben.

Felicitas hat einen kleinen, festen Freundeskreis, ist häuslich und zieht sich gerne auch einmal zurück. Seit sie den Führerschein besitzt, ist sie begeisterte Autofahrerin, liest gerne, ist Fan von der „Kelly Family" und „Thake That". Tischtennis ist ihre Sportart, im Team fühlt sie sich wohl. Die Schule durchläuft sie problemlos. Musische Begabungen kristallisieren sich immer mehr heraus. Sie spielt Flöte, Querflöte und singt im Schulchor. Sie besitzt viel Fantasie, zeigt große künstlerische Begabungen und überrascht uns immer wieder mit ihren ganz persönlichen, kreativen Werken. Tanzen, Fernsehen, ihre Clique sind feste Bestandteile. Ihre Pubertät verläuft ohne große Schwierigkeiten. Sie schwimmt sich frei und erobert sich ihr eigenes Leben. Sie besitzt eine ausgeprägte Meinung, ist sehr zuverlässig und wehrt sich gegen Ungerechtigkeiten. In zwei Jahren wird sie ihr Abitur ablegen. Sie hat einen festen Freund.

DESIREE

Desiree ist durch ihre liebevolle Betreuung ab Geburt und keine Ausgesetztsein- und Waisenhaus-Erfahrung offen, quirlig, ständig auf Achse mit einem fast unübersehbaren Freundeskreis. Sie kann lachen und weinen in einem. Sie hat alle Anzeichen der normalen Pubertät – ohne Einbrüche – und ein offenes, sehr herzliches Verhältnis zu Felicitas und zu uns. Es gibt nichts, worüber man nicht reden kann. Auch sie ist künstlerisch begabt, aber nicht so ausgeprägt wie ihre große Schwester. Sport ist nicht so ihr Ding, sie schwärmt für Popstars, voltigiert, liebt ihre Freiheit, hat seit dem Kindergarten eine feste Freundin. Seit dem zehnten Lebensjahr spielt sie Geige, spielt mit Felicitas im Spielmannzug der Nürtinger Feuerwehr Querflöte und im Flötenkreis der Schule verschiedene Blockflöten. Schulisch geht es ihr gut.

Sie wird 2002 das Abitur ablegen.

FELICITAS UND DESIREE

Beide Mädchen harmonieren sehr und stellen sich schon mal im Verbund gegen die Eltern, wenn es nötig erscheint. Mit ihrer Adoption haben sie keine Probleme, doch einen weiteren Besuch in ihren Geburtsländern möchten beide vorläufig nicht machen. Ihr Reisegeld für ihr Land liegt jedoch auf einem Sparkonto abrufbereit. Sie haben in der Familie ihren festen Platz, die Großeltern lieben ihre Enkelkinder sehr. Sie sind anerkannt und fühlen sich, wie alle anderen Jugendlichen auch, in Deutschland wohl, ohne Sehnsucht an ihre Wurzeln zurückzukehren. Sie empfinden sich als deutsche Kinder, und das ist gut so.

WIR ELTERN

Es ist unvergleichlich schön, unsere beiden Töchter aufwachsen zu sehen. Die Kinderbetreuung war nicht immer leicht zu gestalten und öfters musste ein Wechsel vollzogen werden, fast immer auf Wunsch der Betreuerinnen, die das Interesse verloren oder eigene Lebenswege suchten. Dieser ständige Spagat war nicht leicht zu vollziehen. Für mich türmten sich immer wieder neue Hindernisse auf, neue Schranken mussten überwunden werden. Familie, Haushalt, Beruf und „Kinderfrauen" brachten mich immer wieder an meine psychischen und physischen Grenzen.

Beruflich geht es mir gut. Die Arbeit im Schulkindergarten mit für ein Jahr vom Schulbesuch zurückgestellten sechsjährigen Kindern aus aller Welt (ab 1992 Grundschulförderklasse) fesseln mich noch immer. Mittags habe ich Zeit für Kinder, Haushalt, Familie. Wenn Siegfried gegen 17 Uhr heimkommt, teilen wir Kinder und Haushalt. Meine „Schularbeiten" erledige ich in den zwei Stunden Mittagsschlafzeit und später Kindergartenzeit. Nicht geschaffte Aufgaben verlege ich auf den Abend oder das Wochenende, der Fernseher hat selten Sendezeit. Wir staunen wie rasch die Tage verstreichen, wir sind so ausgefüllt und angefüllt, die Zeit verfliegt, die Kinder werden größer, wir sind glücklich und zufrieden, wie sich alles so harmonisch zusammenfügt. Wir sind echte Glückskinder.

Natürlich werde ich immer wieder gefragt, ob ich wegen meiner Berufstätigkeit kein schlechtes Gewissen hätte. Nein, habe ich nicht. Was einen Menschen ausfüllt und erfüllt, was ihn zufrieden und glücklich macht, ist für alle gut. So sehen wir es jedenfalls und sind damit im Einklang mit uns und unserer Welt.

Bin ich im Unterricht, freue ich mich auf die kleine Rasselband. Ich konnte mein Hobby „Kinder" zum Beruf machen. Nach der Schule widme ich mich nachmittags unseren beiden Töchtern, dem Haushalt, der Familie und dem alltäglichen Tagesgeschäft.

Um sechs Uhr rappelt der Wecker, aufstehen, den neuen Tag ankurbeln und gegen zweiundzwanzig Uhr sinke ich in mein warmes, weiches kuscheliges Bett.

Natürlich bleibt wenig Zeit und Raum für mich selbst. Doch ich empfinde das nicht als Mangel, ich bin rundum zufrieden und fühle mich wohl.

Mit ist auch bewusst, dass die Jahre viel zu rasch entschwinden und die Kinder Schritt für Schritt eigene Wege einschlagen und sich von uns lösen werden. Deshalb wollen wir ganz bewusst und intensiv dieses kurze Zeitfenster auskosten und genießen.

Siegfried muss immer wieder kostbare Urlaubstage einbringen, wenn morgens unsere Kinderbetreuerin nicht erscheint oder krank wird. Das ist für ihn eine Selbstverständlichkeit und er genießt diese intensiven Stunden mit den Kindern bis ich ihn um 13 Uhr ablösen kann. Dann bricht er in seinen Betrieb auf. Mit dem Umzug 1986 ins eigene Haus und der Einschulung von Felicitas finden wir in einer Nachbarin eine liebevolle, engagierte Betreuung und zwei „Geschwister" gibt es obendrein.

NÜRTINGEN

2010

Felicitas lebt seit zwölf Jahren mit ihrem Freund Steffen in Stuttgart zusammen. Zunächst studiert sie nach dem Abitur, doch ihre besondere Kreativität gewinnt die Oberhand. Beruflich fühlt sie sich als Mediengestalterin für Digital- und Printmedien wohl und ist als Desktop Publisher anerkannt. Sie zeigt ihr Können in ihrem ersten Bastel-Blog im Internet. Das SWR Fernsehen wird später auf sie aufmerksam und sendet einen Bericht über ihr Können.

Desiree wohnt seit mehreren Jahren mit ihrem Freund Ulrich in Frankfurt. Sie studiert Mathematik an der Goethe-Universität und die beiden planen, in den Hafen der Ehe einzulaufen. Zu Ihrer Hochzeit wünschen sich die beiden eine Reise nach Guatemala.

Siegfried ist seit zehn Jahren Rentner, hält Haus und ererbte Grundstücke in Schuss, ist der beste Handwerker der Welt und erkundet seit 1995 bei der jährlichen „Tour de Ländle" per Rad eine Woche lang Baden-Württemberg.

Ich bin nach 44 Berufsjahren seit Sommer 2009 im Ruhestand. Als Autorin konnte ich einige Fachbücher publizieren.

» An meiner Pinnwand im Arbeitszimmer hängt seit einigen
Jahren ein kleiner Notizzettel:
„Auch wenn's euch selten (nie) jemand sagt: Ihr seid die bes-
ten Eltern der Welt." Desiree
» Im Wohnzimmer hängt ein wunderschönes, von Felicitas ge-
staltetes Rosenrelief: „Danke, dass es dich gibt."
» Urkundlich ist für Siegfried bestätigt: „Du bist das Beste,
was mir je begegnet ist."
» Felicitas werden wir im Juni zu ihrem dreißigsten Geburts-
tag ihr Adoptionstagebuch, zusammengestellt anhand der
Kindertagebücher, Briefe, Aktenauszüge, Jahresrundbriefe,
Fotos und Sonstigem, überreichen.
» Natürlich umfasst dieses Tagebuch auch die Adoption von
Desiree. Sie erhält es gleichzeitig.

DANKE

Und ich danke Gott und den beiden Müttern hinter dem Großen
Teich, dass er uns so prachtvolle Kinder geschenkt hat. Und ich
hoffe, dass unsere Kinder eines Tages zu diesen Büchern grei-
fen, um etwas über ihre Länder und das Leben dort zu erfah-
ren. Wurzeln können auch literarisch erkundet und entdeckt
werden. Und wer weiß, vielleicht erkunden sie eines Tages ihr
Geburtsland persönlich.

SCHREIBT DESIREE

Hallo, liebe Mami,

noch mal vielen lieben Dank für dein Buchgeschenk. Ich war sehr gerührt! Da steckt so viel Arbeit und Liebe drin. Da muss ich mir mal ganz viel Zeit nehmen und es in Ruhe lesen. Ich habe nur meinen ersten Tag in Deutschland gelesen, es ist so schön geschrieben, das kann die Mami gut! Ich kann gar nicht oft genug sagen wie dankbar ich bin, so tolle Eltern zu haben!!! Die Eltern meiner Freundin sind das Gegenteil dazu und ich schätze das umso mehr ...

ERGÄNZUNG

JUNI 2014

DESIREE UND ULRICH

Im Oktober 2011 heiratet Desiree ihren langjährigen Freund Uli in Frankfurt. Dies wird auch ihr zukünftiges Zuhause sein und bleiben. Nach einem Mathestudium macht sie eine Ausbildung im Bereich Yoga, arbeitet in diesem spannenden Wunsch-Berufsfeld und ist sehr glücklich. Und ihre Hochzeitsreise 2012, von uns gesponsert, führt sie nach Guatemala. Dort lernen sie in einer Familie die Sprache, Land und Leute kennen. Sie besuchen natürlich die Chavarrias und das Grab von Ingrid. Berüh-

rende Momente. Und die Sehnsucht nach einer zweiten Reise
ist noch immer vorhanden.

FELICITAS UND STEFFEN
Felicitas heiratet im Dezember 2012 ebenfalls ihren langjähri-
gen Freund Steffen und beide leben in Stuttgart. Felicitas arbei-
tet nun als selbstständige Produktdesignerin in Stuttgart, hat
einen eigenen Blog und bringt eigene Produkte heraus.

UND SO SCHLIESST SICH DER KREIS IM MAI 2015

ERNEUT ZU GAST IN PERU

Eigentlich wollten wir als Familie wie 1986 nach Peru, in das
Land am anderen Ende der Welt reisen. Dann flogen ich, Desiree
und Uli nach Peru. Für mich eine Traumreise in mein Lieblings-
land der Inkas, das Geburtsland von Felicitas. Und ich wollte
etwas an dieses wunderbare Land und seine Mütter zurückge-
ben, als kleiner Dank für das Geschenk unserer wundervollen
Töchter. Und was lag da näher, als mein pädagogisches Wissen
und Geschick dort vor Ort an die indigenen Familien mit ihren
teils behinderten Kindern kostenfrei aus meiner Berufserfah-
rung und Praxis weiterzugeben. Eine für mich sehr emotionale,
berührende, auch nachhaltige und ganz individuelle persönli-
che Reise in unsere Vergangenheit und die Zukunft von Kindern
und Familien in Peru. Und ich konnte nicht ahnen, wie erfolg-
reich und nachhaltig dieses Unternehmen und Abenteuer am
Ende ausgehen sollte.

REISEBERICHT

Eine 25-jährige Freundschaft zwischen Gabriele Klink, Pädagogin aus Nürtingen, und der ehemaligen Nürtinger Ergotherapeutin Rita Mocker in Cajamarca, Nordperu, wurde durch diese persönliche, individuelle Zusammenarbeit der besonderen Art neu belebt.

Im Mai 2015 flog ich, begleitet von Tochter Desiree und Schwiegersohn Ulrich Rogler in das Land der Inkas am anderen Ende der Welt. Ritas Einladung sollte eine praktische pädagogische Brücke zwischen indigenen Familien im Hochland Nordperus aufbauen, um Eltern mit ihren behinderten Kindern auf dem Weg nach Maria Montessori „Hilf mir es selbst zu tun" zu unterstützen und zu begleiten.

Mein Ziel war es, zahlreiche kostenfreie ehrenamtliche Seminare und Fortbildungsangebote anzubieten. Eingeladen wurden Eltern mit ihren behinderten Kindern, Lehrer, Pädagogen, Therapeuten und Bibliothekare. Das Interesse überraschte uns alle gewaltig. Es nahmen etwa 100 Kinder, eine Schulkasse, zahlreiche motivierte Eltern und Lehrkräfte teil. Für mich war es faszinierend, meine über 40-jährige Berufspraxis im In- und Ausland weiterzugeben. Dazu hatte ich als Gastgeschenk eigens mein Buch „Mit allen Sinnen zum fantasievollen spielenden Lernen finden" für Kinder mit und ohne Behinderung verfasst. Es wurde ins Spanische übertragen, mit Farbfotos bestückt und auf eigene Kosten gedruckt. Alle Seminarteilnehmer erhielten kostenfrei mein Buch sowie alle mitgebrachten Materialien. Sämtliche Reisekosten übernahm selbstverständlich ich.

Gastgeber war die 1971 gegründete Biblioteca Rurales, deren Ziel es ist, Traditionelles zu bewahren, zu sammeln und in Buchform zu drucken. Sie unterstützt und begleitet antragstellende Bauern, wenn es um Landenteignungen oder Boden-

und Wasserverseuchung geht mit ihrem Motto: Das zu tun, was man sagt, um die Lebensumstände vor Ort erträglicher zu gestalten. Durch Wasser- und Landverseuchungen großer ausländischer Konzerne werden zunehmend Kinder mit Missbildungen und Behinderungen geboren. Die Bibliotecas schlossen sich zum Netzwerk der peruanischen Landesbibliotheken zusammen, bringen Leseförderung für Kinder und Erwachsene voran. Unser Nürtinger Projekt des AK Pisa zur Leseförderung durfte ich ebenfalls vorstellen. Die inzwischen 350 ehrenamtlichen Mitarbeiter der Bibliotecas tragen Bücher auf ihrem Rücken, zusammen mit Mais und anderen Lebensmitteln über die Berge zu den Menschen in ihren Dörfern. Eindrucksvoll dokumentiert dies der preisgekrönte Film „Die Wolkenbibliothek", das Lebenswerk von Alfredo Mires, Rita Mockers Ehemann.

BEI DEN KINDERN

IN DEN WOLKENSCHULEN

Unsere Einsatzorte liegen in 3.100 m Höhe. Eine eintägige beschwerliche Hin- und Rückreise liegen vor uns. Über unwegsame, schlammige, unbefestigte Matschstraßen, vorbei an steilen, ungesicherten Abhängen mit atemberaubender, faszinierender, grüner Bergwelt geht die Fahrt. Es ist kalt, die kleinen Lehmhäuser sind vollgesogen mit Feuchtigkeit, es regnet seit Wochen und Bergrutsche begraben Menschen und Tiere. Am zweiten Reisetag erreichen wir den kleinen Ort Numbral, am dritten Tag Huayrasintrana. Morgens um acht Uhr brechen wir auf, kehren gegen 17 Uhr bei einbrechender Dunkelheit zurück. Wolkenhüte sitzen auf den Bergen und wälzen sich träge in die grünen Täler hinunter. Eltern schleppen auf ihrem Rücken ihr behindertes Kind, Geschwister marschieren mit, auch sie tragen Feuerholz,

Geschirr, Töpfe und die „Reis-Mais-Kartoffel-Suppenzutaten" in einstündigen Berg-Fußmärschen zum Begegnungsort. Dies ist auch der tägliche Schulweg der gesunden Kinder! Viele Kinder arbeiten mit, um ihre Familie über Wasser zu halten. Sie können nicht täglich die Schule besuchen, zu viele Kinder erreichen nur ein oder zwei Schuljahre. Die Kinder bringen ihre Kühe, Schweine oder Schafe zum Weiden auf weit entfernte Berghänge, helfen im Kartoffelfeld oder beim Maisanbau und sind für die Geschwister verantwortlich. Täglich stehen diesen Familien nur etwa zwei Dollar zur Verfügung!

Im Handumdrehen entwickelt sich eine Wohlfühl-Lernatmosphäre. Buchstaben werden aus geknuddelter Alufolie erkundet, Zahlen und Mathematik mit Bohnen erforscht, Pantomime als sprachloses Verständigungsmittel lachend erfahren. Bohnenmandalas mutieren zum staunenden Gruppenerlebnis oder Bewegungsgeschichten fordern Eltern und Kinder zum lustvollen Spracherlebnis auf. Die Mitmachfreude, Lernbegierde und Spielbegeisterung ist grenzenlos und spiegelt sich unmittelbar in allen Gesichtern wieder. Niemand möchte eine Pause. Am offenen Feuer bereiten Mütter das Mittagessen zu, die einzige Unterbrechung.

HILF MIR

ES SELBST ZU TUN

Ich erlebe Väter, Mütter und Kinder als lebensfrohes Team. Dieses „Hilf mir es selbst zu tun" berührt uns. Am Workshop-Ende werden wir tüchtig ausgefragt, die Zuhörer amüsieren sich über unsere Spanischkenntnisse und alle fühlen sich wohl. Auch das beeindruckt uns: Die Menschen sehen, wo Unterstützung angebracht ist, greifen zu mit selbstverständlicher Hilfsbereitschaft.

Diese gelebte, wortlose Solidarität und Verantwortung für sich und andere macht uns sprachlos, beschämt uns und wir spüren, wie viel wir von diesen Menschen lernen könnten. Wertschätzung, Freude, Dankbarkeit drückt sich aus in spontanen Umarmungen von Vätern, Müttern, Kindern uns „Gringos" gegenüber. „Sie haben uns Wärme und Hoffnung mitgebracht, uns so ganz selbstverständlich unterstützt, sich auf diese weite Reise begeben, um uns als Eltern mit unseren behinderten Kindern zu begleiten. Sie haben uns Hilfe, Verständnis und Materialien geschenkt. Wir würden uns so freuen, wenn Sie uns bald wieder besuchen. Vergessen Sie uns nicht und Gottes Segen". Dankbare Umarmungen und Tränen löse ich angerührt, ergriffen, auch etwas verunsichert, durch meine mitgebrachten Kuscheltiere für die Familien und Schokoladenlutscher für alle Kinder auf. Rita Mocker versorgt nun die Familien mit mitgebrachten Medikamenten, ist das Sorgentelefon, Mittlerin und Vermittlerin in allen Lebenslagen, auch zwischen Familien und Ämtern. Dies ist ein ganz besonderes Lebenswerk mit Herzblut für benachteiligte Menschen. Sie betreut mit Helfern 108 Familien und kämpft für deren bessere Lebensperspektive. Und ich bin stolz, dazu einen kleinen Baustein zu leisten.

WORKSHOPS

IN CAJAMARCA

Mit einem Collectivo fahren wir nach Cajamarca zurück. Ich erarbeite das Programm für eine dritte Grundschulklasse und für einen Kurs mit Down-Familien und ihren Kindern aus. Detaillierte Seminarbausteine stelle ich für den umfangreichen Wochenendworkshop mit Lehrkräften, Pädagogen, Bibliothekaren und Mitarbeitern zusammen. Dies ermöglicht, dass sich die Teilnehmer jederzeit neu zusammenfinden können. Das Interesse der angemeldeten Teilnehmer ist überwältigend. Cajamarca liegt 2.800 m hoch, eingebettet in eine grüne Bergwelt mit Einflugschneise und kleinem Flughafen. Hier begann 1532 der Untergang des einzigartigen Gemeinwesens der Inka, als die spanischen Eroberer und Konquistadoren ein Blutbad mit 10.000 Inkas anrichteten – ohne spanische Verluste. Dieses Ereignis läutete das Ende des Inkareiches ein, 10 Millionen Untertanen waren ihres Herrschers beraubt und führerlos. Cajamarca wurde durch diesen Massenmord zur Schicksalsstadt des Inkareiches.

SCHULUNTERRICHT UND KINDER

MIT DOWN-SYNDROM

Am anderen Morgen unterrichtete ich drei Stunden eine dritte Grundschulklasse. Origami war ihr Wunschprogramm und 34 Kinder in blaugrauen Schuluniformen waren nicht zu bremsen. Die Tische standen gedrängt, eine Pause wurde einstimmig abgelehnt! Aus den einzelnen Faltarbeiten entwickelte sich ihre Stadt am Fluss mit Häusern, Schiffen, Fischen und Vögeln. Alle waren überwältigt von der Gesamtkomposition. Nachmittags meine größte Herausforderung: Familien mit ihren Kindern mit Down-Syndrom treffen ein. Ein anstrengendes, unruhiges, herausforderndes Unterfangen, denn viele Kinder sind mehrfach behindert und bedürfen der uneingeschränkten Hilfe, Zuneigung und Elternpräsenz. „Hilf mir es selbst zu tun, denn ich schaffe das auch alleine!" gelang problemlos.

ERWACHSENENSEMINARE

Dazu reisen viele Teilnehmer von weit her an. Untergebracht sind sie in zwei großen Sammelräumen, ein Koch sorgt für das leibliche und ich für das pädagogische Wohl. Und wieder sind mehr Teilnehmer als erwartet dabei. Mit Begeisterung entstehen Kreisel aus alten CDs, Tastbuchstaben werden erkundet, Rückenschriften mit Gelächter erprobt, beidhändiges Zeichnen entdeckt, Rätsel geknackt und ein lustvolles Waschhandschuh-Theaterprojekt umgesetzt. Höhepunkte bilden ein Origami- und Tangram-Kurs. Bananen-Obstschnecken werden als Pausen-Snack kreiert, genüsslich verspeist und lustvoll genießen alle das große Spielangebot und Pantomime. Desiree Klink begeistert mit Yoga-Kursen sämtliche Teilnehmer, während Ulrich Rogler mit Einheimischen ein riesiges Freiluftregal für die Biblioteca baut. In der Abschlussrunde lassen uns die Teilnehmer an ihrem beruflichen und persönlichen Leben teilnehmen. Diese Erfahrungen, Schicksale und Not machen betroffen und berühren uns zutiefst.

UND MEINE PERSÖNLICHE BILANZ?

Nach drei Wochen sind wir von unserer beeindruckenden, intensiven, ganz persönlichen Reise an das andere Ende der Welt zurück. Unglaubliche Eindrücke und tiefe Erlebnisse haben wir im Reisegepäck. Und wir sind dankbar, dass wir ohne unser Zutun in einem so schönen, friedlichen und wohlhabenden Land leben dürfen. Unsere Sorgen und Nöte hier erscheinen uns winzig klein. Und ich träume immer noch von Peru, manchmal sogar auf Spanisch! Und ich möchte keine Minute missen. Die Fortbildungen und Seminare waren mit durchschnittlich 40 Teilnehmern gut besucht, die Eindrücke überwältigend und mein Buch wurde inzwischen in die Nationalbibliothek von Peru aufgenommen. Die Begeisterung, das Engagement und die Mitmachfreude der Menschen vor Ort und besonders der zahlreichen Kinder machten mich nachdenklich und dankbar. Für mich eine spannende Reise in das Land der Inka, mein Traumland Peru.

LICHT DER HOFFNUNG

HERBST 2015

Die Nürtinger Zeitung veranstaltete zum 25. Mal ihre großartige Sammelaktion „Licht der Hoffnung". Ich bewarb mich als eines der acht angenommenen Projekte mit dem Projekt von Rita Mocker, das ich hautnah erleben durfte, und war sprachlos, dass es für die Aktion 2015/2016 zugelassen wurde.

Durch Spenden kam für das Peru-Projekt in Cajamarca der sagenhafte Betrag von 14.000 Euro zusammen, der im Februar nach Peru überwiesen wurde.

Die Autorin

Die 1944 in Schwaben geborene Gabriele Klink
arbeitete viele Jahre als Erzieherin und Lehrerin,
unter anderem in Afghanistan und Chile. Ihre Liebe
zum Umgang mit Menschen fand ihren Ausdruck
in der Arbeit mit behinderten Kindern sowie im
Fokus auf der Vorschuldidaktik. Nach der Heirat
mit ihrem wundervollen Mann hatten beide einen
starken Kinderwunsch, doch ihr Weg zum Fami-
lienglück gestaltete sich schwierig. Der schriftstelle-
rische Werdegang der Autorin begann mit Artikeln
für Zeitungen, Fachzeitschriften und Fachverlagen
sowie der Mitarbeit bei einem Verlag. Nach der
Veröffentlichung mehrerer schulischer Fachbücher
war es Frau Klink ein Anliegen, über die Heraus-
forderungen von Adoptionen zu berichten und
darüber, dass es sich lohnt zu kämpfen. Ihr eigenes
Engagement und Durchhaltevermögen bescherten
ihrem Mann und ihr zwei bezaubernde Adoptiv-
töchter, die ihrem Leben einen tiefen Sinn geben.